高职高专"十二五"规划教材——汽车专业系列

汽车电器系统故障检测与修复

主　编　曾显恒
副主编　贾江波　游晓畅　刘　爽

东南大学出版社
·南京·

内 容 提 要

本书针对高职高专汽车检测与维修专业编写,以技能操作为主线展开,满足了理论实践一体化教学的需要。本书构建了崭新的课程体系,以汽车电器系统的典型故障为基础,设计出 12 个学习单元,详尽地介绍了电器典型故障的检测与修复。内容包括汽车蓄电池的性能检查、蓄电池漏电故障的检测与修复、发电机驱动皮带的检查与更换、发电机不发电故障检修与修复、充电指示灯常亮的故障检测与修复、起动机的更换、起动机起动无力故障检修、起动机不工作的故障检修、前照灯故障的检测与修复、雾灯不亮的检测与修复、转向信号灯的检测与修复、挡风玻璃刮水器和洗涤器系统不工作故障的检测与修复。本书附带适用性较强的任务工单,帮助教师在教学工作中更好地完成理论与实践的结合。

图书在版编目(CIP)数据

汽车电器系统故障检测与修复 / 曾显恒主编. —南京:东南大学出版社,2015.10
 ISBN 978-7-5641-6052-4

Ⅰ.①汽⋯ Ⅱ.①曾⋯ Ⅲ.①汽车-电气设备-故障检测②汽车-电气设备-故障修复 Ⅳ.①U472.41

中国版本图书馆 CIP 数据核字(2015)第 237205 号

汽车电器系统故障检测与修复

出版发行:东南大学出版社
社　　址:南京市四牌楼 2 号　邮编:210096
出 版 人:江建中
责任编辑:史建农　戴坚敏
网　　址:http://www.seupress.com
电子邮箱:press@seupress.com
经　　销:全国各地新华书店
印　　刷:扬中市印刷有限公司
开　　本:787mm×1092mm　1/16
印　　张:12.75
字　　数:323 千字
版　　次:2015 年 10 月第 1 版
印　　次:2015 年 10 月第 1 次印刷
书　　号:ISBN 978-7-5641-6052-4
印　　数:1—3000 册
定　　价:30.00 元

本社图书若有印装质量问题,请直接与营销部联系。电话:025 - 83791830

高职高专"十二五"规划教材——汽车专业系列丛书编委会

编委会人员名单：（按姓氏笔画排序）

韦 倾	方 波	印德彬	刘志君	刘 涛
杜 潜	李 磊	吴炳理	吴 浩	邱翠蓉
何细鹏	张宝利	陈宝华	陈 高	林振琨
易宏彬	罗子华	周 欢	胡春红	耿会斌
聂 进	谈丽华	黄云力	鄂 义	董继明
熊少华				

前言

《汽车电器系统故障检测与修复》依据汽车检测与维修技术专业人才培养目标和职业岗位需求，以学生的技能掌握为目标，以真实汽车维修行业的工作过程为依托，以典型车型的典型故障为载体，设计了12个学习单元。典型故障源于对企业经营、生产过程中问题的总结和提炼，具有较强的针对性和适用性。以具体故障的检测修复为中心，拓展内容涵盖汽车基本电器系统的理论基础，突出了技能操作在学习中的重要性。适用于理论和实践一体化教学。

本书贴近实际，以市场上常见的车型为研究对象，更多地引入新技术、新设备、新方法。本书内容详尽，图文并茂，针对性强，具有较强的实践性，可作为高职高专汽车运用、汽车检测与维修等专业的教材，也可作为汽车检测、维修等企业的培训教材。内容有汽车用蓄电池的性能检查、蓄电池漏电故障的检测与修复、发电机不发电故障检修与修复、起动机起动无力故障检修、前照灯故障的检测与修复等学习单元，全面涵盖了汽车电器系统的学习内容。

教材编写全面体现高职高专教学改革、教材建设的需求，融入国内著名院校先进的教学成果，系统、全面地研究和借鉴德国职业教育模式，图文并茂、通俗易懂、针对性强、理论与实践统一，便于实施一体化教学和行动导向教学，为实现工作过程系统化课程改革和培养高技能人才起到积极推动作用。

本书由河南职业技术学院曾显恒担任主编，襄阳汽车职业技术学院贾江波、重庆工业职业技术学院游晓畅和刘爽担任副主编，同时感谢张丽萍、刘礼鹏、肖珍为本书的出版付出的劳动。具体分工如下：曾显恒完成学习单元1~9的编写工作，贾江波完成学习单元10~11的编写工作，游晓畅、刘爽共同完成了单元12的编写工作。

由于编者水平有限，书中难免存在不妥与疏漏之处，恳请读者批评指正。

编者
2015年9月

目 录

学习单元1　汽车用蓄电池的性能检查 ... 1
　学习目标 ... 1
　任务载体 ... 1
　相关知识 ... 1
　　一、铅酸蓄电池的工作原理 ... 1
　　二、蓄电池的参数指标 ... 4
　　三、蓄电池的结构 ... 8
　技能操作 ... 9
　　一、蓄电池的安装位置 ... 9
　　二、蓄电池电极的判断 ... 10
　　三、蓄电池电压的检测 ... 10
　　四、蓄电池密度的检查 ... 13
　　五、蓄电池容量的检测 ... 14
　　六、蓄电池内阻的检查 ... 15
　实训任务工单 ... 15
　知识能力拓展 ... 16
　案例剖析 ... 16
　技能掌握 ... 17

学习单元2　蓄电池漏电故障的检测与修复 ... 18
　学习目标 ... 18
　任务载体 ... 18
　相关知识 ... 18
　　一、传统充电方法 ... 18
　　二、快速充电方法 ... 19
　技能操作 ... 21
　　一、蓄电池漏电的故障分析 ... 21
　　二、蓄电池漏电故障的诊断与修复 ... 22
　　三、蓄电池的补充充电 ... 23
　实训任务工单 ... 25
　知识能力拓展 ... 26

一、蓄电池的使用寿命 ·· 26
　　二、蓄电池的选购 ·· 26
　案例剖析 ·· 28
　技能掌握 ·· 28

学习单元 3　发电机驱动皮带的检查与更换 ·· 29
　学习目标 ·· 29
　任务载体 ·· 29
　相关知识 ·· 29
　　一、电动力学原理 ·· 29
　　二、交流发电机的工作原理 ·· 30
　　三、交流电压的整流 ·· 31
　技能操作 ·· 33
　　一、发电机的安装位置 ··· 33
　　二、汽车发电机的更换 ··· 33
　　三、发电机驱动皮带的更换 ··· 35
　实训任务工单 ·· 37
　知识能力拓展 ·· 39
　　一、国标交流发电机的型号命名规则 ·· 39
　　二、通过OE编号查找电机设备 ·· 40
　案例剖析 ·· 40
　技能掌握 ·· 40

学习单元 4　发电机不发电故障检修与修复 ·· 41
　学习目标 ·· 41
　任务载体 ·· 41
　相关知识 ·· 41
　技能操作 ·· 45
　　一、汽车交流发电机的基本结构 ··· 45
　　二、发电机的拆解 ·· 46
　　三、发电机的检测 ·· 48
　　四、发电机的装复 ·· 49
　实训任务工单 ·· 50
　知识能力拓展 ·· 51
　案例剖析 ·· 51
　技能掌握 ·· 51

学习单元 5　充电指示灯常亮的故障检测与修复 ································ 52
　学习目标 ·· 52
　任务载体 ·· 52

目　录

相关知识 ··· 52
　　一、发电机的工作特性 ··· 52
　　二、发电机电压调节器 ··· 54
技能操作 ··· 58
　　一、电源线路的认识 ··· 58
　　二、充电指示灯故障检测 ··· 59
实训任务工单 ··· 60
知识能力拓展 ··· 61
案例剖析 ··· 62
技能掌握 ··· 62

学习单元 6　起动机的更换 ··· 63
学习目标 ··· 63
任务载体 ··· 63
相关知识 ··· 63
　　一、起动机的工作过程 ··· 64
　　二、发动机的起动条件 ··· 66
　　三、起动机的性能要求 ··· 67
技能操作 ··· 67
　　一、起动机的拆卸 ··· 67
　　二、起动机的安装 ··· 69
实训任务工单 ··· 69
知识能力拓展 ··· 71
案例剖析 ··· 72
技能掌握 ··· 73

学习单元 7　起动机起动无力故障检修 ····································· 74
学习目标 ··· 74
任务载体 ··· 74
相关知识 ··· 74
　　一、起动机的结构 ··· 74
　　二、传动装置 ··· 78
　　三、起动机减速机构 ··· 79
　　四、电磁开关 ··· 80
技能操作 ··· 81
　　一、起动机的分解 ··· 82
　　二、起动机零件检修 ··· 83
　　三、起动机的组装 ··· 87
　　四、起动机的性能试验 ··· 87

实训任务工单 ··· 89
知识能力拓展 ··· 91
　　一、汽车电器万能实验台 ·· 92
　　二、起动机性能检测 ··· 92
案例剖析 ··· 94
技能掌握 ··· 94

学习单元8　起动机不工作的故障检修 ··· 95
学习目标 ··· 95
任务载体 ··· 95
相关知识 ··· 95
操作技能 ··· 98
　　一、蓄电池的检查 ·· 98
　　二、利用声学检测技术分辨故障 ·· 99
　　三、起动机静止状态时电气检测 ·· 99
　　四、起动过程中的检测 ·· 99
实训任务工单 ·· 100
知识能力拓展 ·· 102
　　一、起动机不转故障 ·· 102
　　二、起动机空转、发动机不转故障 ·· 103
　　三、起动机无力故障 ·· 103
　　四、有啮入声、无运转声故障 ··· 103
　　五、起动机反拖故障 ·· 103
案例剖析 ·· 104
技能掌握 ·· 104

学习单元9　前照灯故障的检测与修复 ··· 105
学习目标 ·· 105
任务载体 ·· 105
相关知识 ·· 106
　　一、前照灯 ··· 106
　　二、自适应前照灯控制系统（Adaptive Front-lighting System，简称AFS） ········ 114
技能操作 ·· 119
　　一、前照灯的检测 ··· 119
　　二、前照灯的更换 ··· 125
　　三、前照灯灯泡的更换 ·· 129
　　四、前照灯的灯光检查与调整 ··· 133
实训任务工单 ·· 136
知识能力拓展 ·· 139

目　录

　　一、汽车用灯的编码知识 ………………………………………………………… 139
　　二、HID 改装 …………………………………………………………………… 140
　　三、HID 灯组的选择 …………………………………………………………… 140
　案例剖析 ………………………………………………………………………………… 141
　技能掌握 ………………………………………………………………………………… 141

学习单元 10　雾灯不亮的检测与修复 …………………………………………… 142
　学习目标 ………………………………………………………………………………… 142
　任务载体 ………………………………………………………………………………… 142
　相关知识 ………………………………………………………………………………… 142
　技能操作 ………………………………………………………………………………… 143
　　一、雾灯的检测 ……………………………………………………………………… 143
　　二、雾灯的更换 ……………………………………………………………………… 146
　　三、雾灯灯泡的更换 ………………………………………………………………… 147
　实训任务工单 …………………………………………………………………………… 148
　知识能力拓展 …………………………………………………………………………… 149
　案例剖析 ………………………………………………………………………………… 150
　技能掌握 ………………………………………………………………………………… 151

学习单元 11　转向信号灯的检测与修复 ………………………………………… 152
　学习目标 ………………………………………………………………………………… 152
　任务载体 ………………………………………………………………………………… 152
　相关知识 ………………………………………………………………………………… 152
　　一、驻车灯 …………………………………………………………………………… 154
　　二、日间行车灯 ……………………………………………………………………… 154
　　三、倒车灯 …………………………………………………………………………… 154
　　四、制动灯 …………………………………………………………………………… 155
　　五、尾灯 ……………………………………………………………………………… 155
　　六、后雾灯 …………………………………………………………………………… 156
　操作技能 ………………………………………………………………………………… 156
　实训任务工单 …………………………………………………………………………… 160
　知识能力拓展 …………………………………………………………………………… 166
　　一、雾灯开关的更换 ………………………………………………………………… 166
　　二、雾灯的安装 ……………………………………………………………………… 167
　案例剖析 ………………………………………………………………………………… 168
　技能掌握 ………………………………………………………………………………… 169

学习单元 12　挡风玻璃刮水器和洗涤器系统不工作故障的检测与修复 ……… 170
　学习目标 ………………………………………………………………………………… 170
　任务载体 ………………………………………………………………………………… 170

相关知识 ·· 170
 一、刮水器的作用与要求 ·· 170
 二、刮水器系统 ·· 171
 三、刮水系统的结构 ··· 171
 四、雨量传感器(雨天传感器) ··· 173
 五、传动机构 ·· 174
 六、刮水臂 ··· 175
 七、刮水片 ··· 175
 八、刮水电动机 ·· 176
技能操作 ·· 178
 一、挡风玻璃刮水器的故障检测 ··· 178
 二、刮水片的更换 ·· 181
 三、刮水臂的更换 ·· 182
 四、刮水器电机的更换 ·· 183
实训任务工单 ·· 185
知识能力拓展 ·· 187
 一、无骨刮水器的特点 ·· 188
 二、无骨刮水器的选择 ·· 188
 三、刮水器的使用与保养 ·· 188
案例剖析 ·· 188
技能掌握 ·· 189

参考文献 ·· 190

学习单元 1　汽车用蓄电池的性能检查

汽车蓄电池是在汽车行驶时储存发电机产生的电能的化学存储器,同时在发电机不发电或电压过低时为发动机和电气系统各电气、电子部件提供电能。此外,蓄电池还相当于一个容量很大的电容器,在发电机的转速和汽车用电负载变化较大时,维持汽车电网电压的相对稳定,在汽车电网中出现瞬时的过电压时,可以被蓄电池吸收,以保护用电设备,尤其是电子器件不被损坏,这点对于大量装备电子控制系统的现代汽车尤为重要。

蓄电池是汽车必不可少的电源设备。在汽车起动时要在短时间内(5~10 s)为起动机提供一个大电流(200~600 A)的,通常称之为起动型蓄电池。蓄电池的种类很多,汽车用起动型蓄电池以铅酸蓄电池(见图1-1)为主,它拥有内阻小、电压稳定、起动性能好、造价低等优点,以下简称蓄电池。

图 1-1　铅酸免维护蓄电池

学习目标

1. 蓄电池的性能指标的释读与分析。
2. 万用表、高率放电计等仪器的使用方法。
3. 蓄电池性能的检测方法。

任务载体

发动机无法起动,起动机声音发闷,明显感觉起动无力,打开汽车远光灯,发现灯光昏暗,怀疑是蓄电池的电量不足。需要检查蓄电池的电量,检查分析蓄电池亏电的原因。

相关知识

一、铅酸蓄电池的工作原理

蓄电池中发生的化学反应是可逆的。蓄电池正极板上的活性物质是二氧化铅(PbO_2),负极板上的活性物质是海绵状纯铅(Pb),电解液是硫酸水溶液(H_2SO_4)。接通用电设备时,蓄电池可以放出电流,而放电后又以相反的方向通过电流,可以使极板上的活性物质恢复到原来的状态。蓄电池能反复进行充放电循环,实现供电和储电的功能。

1) 电解液中的电离平衡

铅蓄电池的电解液是纯硫酸(H_2SO_4)和水(H_2O)的混合物。硫酸水溶液是二类导电体,依靠带电离子导电。水是一种极性分子,即显示一定的电性,它可与其他极性分子作用。硫酸是一种具有极性键的分子,与水作用。所以硫酸多以氢离子和酸式硫酸根离子或氢离子和硫酸根离子的形式存在。

硫酸在水分子的作用下离解为氢离子(阳离子)和酸式硫酸根离子(阴离子):

$$H_2SO_4 \rightleftharpoons H^+ + HSO_4^-$$

酸式硫酸根离子又可离解为氢离子和硫酸根离子,但比较困难:

$$HSO_4^- \rightleftharpoons H^+ + SO_4^{2-}$$

水可电离为

$$H_2O \rightleftharpoons H^+ + OH^-$$

电离是可逆的,在一定条件下,当电离过程的速度和离子结合成分子的速度相等时,则建立起电离平衡。

2)单格电池电动势的建立

当极板浸入电解液时,在负极板处,铅受到两方面的作用。一方面,它具有溶解于电解液的倾向,少量铅溶于电解液,生成铅离子,在极板上保留两个电子,这时铅极板不再是电中性,而是在电解液中呈负电势。另一方面,由于正、负电荷的吸引,铅离子有沉附于负电性的铅极板表面的倾向。当两者达到平衡时,溶解停止,使负极板具有负电位,约为-0.1V。

正极板上,少量的氧化铅(PbO_2)溶于电解液,与水生成氢氧化铅$Pb(OH)_4$,再电离成四价铅离子和氢氧根离子(见图1-2)。即

$$PbO_2 + 2H_2O \rightleftharpoons Pb(OH)_4$$
$$Pb(OH)_4 \rightleftharpoons Pb^{4+} + 4OH^-$$

Pb^{4+}沉附于极板的倾向大于溶解的倾向,因而在正极板上使极板呈正电位,当达到平衡时,约为2.0V。因此,当外电路未接通,反应达到相对平衡时,蓄电池的静止电动势E_0约为

$$E_0 = 2.0 - (-0.1) = 2.1(\text{V})$$

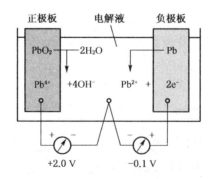

图1-2 蓄电池电动势

3)铅蓄电池的放电过程

铅蓄电池的放电过程就是化学能转变为电能的过程。蓄电池接上负载,在电动势的作用下,电流I_f从正极经负载流向负极,即电子从负极到正极,使正极电位降低,负极电位升高。

放电时的化学反应过程如图1-3所示。

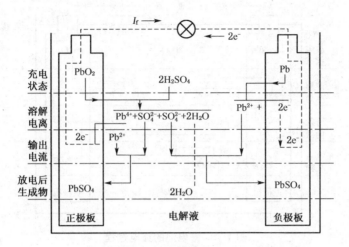

图1-3 蓄电池的放电过程

在负极,铅原子首先被电离成二价的铅离子和两个电子。铅离子与电解液中的硫酸根离子结合生成硫酸铅,沉附在负极板上。

在正极,首先是 PbO_2 和 H_2O 生成不稳定的氢氧化铅,其中铅的四价离子当遇到由负极来的两个电子后立即变为二价铅离子,接着二价铅离子再与硫酸根反应生成硫酸铅附着在正极板上。与此同时,正极板附近的氢正离子也与氧离子化合生成水。

放电过程总的反应方程式为

$$PbO_2 + Pb + 2H_2SO_4 \rightleftharpoons 2PbSO_4 + 2H_2O$$

在放电过程中,正极板上的 PbO_2 和负极板上的 Pb 都逐渐转变为 $PbSO_4$,电解液中 H_2SO_4 逐渐减少而水增多,所以电解液密度是不断下降的。

理论上,放电过程应进行到极板上的活性物质全部变为硫酸铅为止,但由于电解液很难渗透到活性物质的最内层,使用中放完电的蓄电池,实际上只有20%~30%的活性物质参与了放电反应。采用薄型极板,增加多孔率,可以有效地提高极板活性物质的利用率,是蓄电池结构发展的一个方向。

4)铅蓄电池的充电过程

充电过程指在外加电场作用下,正极板和负极板上的硫酸铅还原为二氧化铅和海绵状铅,电解液中的水转变为硫酸的过程。

充电时,在外电场的作用下,充电电流流入蓄电池正极,再从负极流出,即驱使电子从正极经外电路流入负极。此时,正负极板发生的反应正好与放电过程相反,其充电时的化学反应过程如图1-4所示。在负极,先是硫酸铅溶解并电离为二价铅离子和硫酸根离子,外电场为二价铅离子提供两个电子,还原为铅原子附着在负极板上。而硫酸根离子则与电解液中的氢离子结合生成硫酸。

在正极,硫酸铅首先被电离为二价铅离子和硫酸根离子,然后在外电场作用下二价铅离子失去两个电子变为四价铅离子,四价铅离子与电解液中的氢氧根结合,生成氢氧化铅 $[Pb(OH)_4]$,氢氧化铅又分解为氧化铅(PbO_2)附着在极板上,同时生成水。

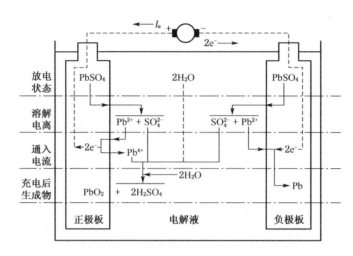

图 1-4 蓄电池的充电过程

在充电过程中,正、负极板上的硫酸铅逐渐被还原为二氧化铅和海绵状铅,同时消耗了水,生成硫酸,电解液的密度增大。

充电过程的化学反应方程式为

$$2PbSO_4 + 2H_2O \rightleftharpoons PbO_2 + Pb + 2H_2SO_4$$

对照蓄电池的放电反应方程式 $PbO_2 + Pb + 2H_2SO_4 \rightleftharpoons 2PbSO_4 + 2H_2O$,可以看出充放电是完全可逆的过程。

二、蓄电池的参数指标

国家标准规定了起动型蓄电池的特征参数和试验方法,通过试验可以确定和监控起动型蓄电池的质量。化学蓄电池可释放的电量(容量)与放电电流有关。放电电流越大,电化学反应就越快,迅速生成的硫酸铅大分子会阻碍栅架内部活性物质的反应,所利用的蓄电池容量就越小。为比较蓄电池的容量,通常将蓄电池容量与放电电流联系起来,以 20 h 的放电时间使蓄电池达到规定的放电终了的电压(12 V 的蓄电池放电终了电压为 10.5 V)的放电电流为标准,称为 20 h 放电电流。这时蓄电池容量为额定容量 K_{20}。

1)单格电池电压

单格电池电压 U_z 是浸入电解液中正、负极板间的电压差。它与极板活性物质、电解液及其浓度有关。单格电池电压不是定值,而是随充电状况(电解液密度)和电解液温度而变。

2)额定电压

单格铅酸蓄电池额定电压为 2 V。整个蓄电池的额定电压是每个单格电池额定电压与串接的单格电池数的乘积。起动型蓄电池的额定电压为 12 V,由 6 个单格电池串联而成。载重汽车所需的电气系统额定电压 24 V,可将 2 个 12 V 的蓄电池串联得到。

3)端电压

蓄电池端电压指蓄电池两极柱间的电压。端电压 U_K 与蓄电池空载电压 U_O 和在内阻 R_i 上的电压降 U_i 有关(见图 1-5),其关系方程式为

$$U_K = U_O - U_i$$

式中：$U_i = I_E R_i$，I_E 为蓄电池通过用电器件（仪器、装置等）电阻 R_V 上的放电电流。

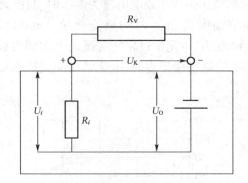

图 1-5　蓄电池电压

R_i—蓄电池内阻　R_V—用电器件电阻　U_O—静态电压
U_i—在蓄电池内阻上的电压降　U_K—端子电压

如果蓄电池通过用电器件 R_V 上的放电电流为 I_E，则在有负荷时的端子电压要比无负荷时的端子电压低。其原因就是蓄电池存在内阻。如果通过蓄电池的电流为 I_E，则在蓄电池内阻 R_i 上产生的压降为 U_i，该压降随着电流的增大而增加。蓄电池内阻随温度和充电状况的变化而变化，所以有负荷的蓄电池在低温和充电状况不好的情况下，其端子电压下降。其实际意义表明，测量不带负荷的蓄电池端子电压并不能反映蓄电池的充电状况。事实是一个几乎是放完电的蓄电池，在无负荷时每个单格电池仍约有 2 V 的电压，整个蓄电池在端子处仍有 12 V 的静态电压。只能通过测量带负荷的蓄电池端子电压才能判断它的充电状况。

4) 起泡电压

起泡电压是充电电压，高于此电压时蓄电池明显地冒气泡，并导致蓄电池中水的损失，同时产生氢氧爆炸气。不同类型蓄电池的单格电池起泡电压有所差别，约为 2.40~2.45 V。这样 12 V 蓄电池的充电电压应限制在 14.4~14.7 V。

为避免蓄电池中水的损失和出现氢氧爆炸气体，外接充电器或发电机电压调节器的电压最大值，对一个 12 V 的标准蓄电池应限制在 14.4 V（单格电池为 2.4 V）。对免维护蓄电池应限制在 13.8 V（单格电池为 2.3 V）。免维护的封密式 AS 蓄电池（凝胶蓄电池）在最长 48 h 充电时间时，充电电压为 14.1 V（单格电池为 2.35 V）。

5) 蓄电池容量

蓄电池容量 K 是指在一定条件下可放出的电流量，即电流大小与时间的乘积，计量单位为安时（A·h）。

蓄电池中活性物质的数量决定了蓄电池容量。高功率蓄电池（如内燃机起动蓄电池）必须要有大的活性物质表面积。增加极板数和极板的几何尺寸，可以增大活性物质的外表面。

蓄电池容量并不是一个定值，它与下列因素有关：

(1) 放电强度。

(2) 电解液的密度和温度。

(3) 放电状况（间歇放电时容量大于连续放电时的容量）。

(4) 蓄电池老化（在使用后期由于极板上活性物质损失而使蓄电池容量降低）。

(5) 蓄电池在晃动或静止存放后导致电解液分层。

特别重要的是蓄电池的放电强度。放电强度愈大,则可用蓄电池容量愈小。如一个可用的蓄电池容量为 100 A·h(见图 1-6),在放电电流为 5 A 时可用 20 h;当在起动发动机时,平均起动电流为 300 A 和环境温度为 20℃时约只能使用 4 min,即可用蓄电池的容量约为 20 A·h。其原因在于放电电流小,电化学过程能缓慢地进入到极板微孔深处,而在大电流放电时,快速反应生成的 $PbSO_4$ 会堵塞栅架表面,电化学反应只能在极板表面发生,导致使用容量下降。

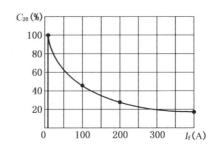

图 1-6　蓄电池容量与放电电流的关系

蓄电池容量和放电电压随温度升高而增大,因为温度升高电解液黏度降低而使蓄电池内阻减小;相反,蓄电池容量和放电电压随温度降低而减小,这是因为在低温时电化学反应缓慢。因此,起动型蓄电池的容量不应太小,以保证蓄电池在低温起动时有足够的能量。

6) 低温试验电流

低温试验电流是蓄电池在低温下的放电能力。按 DIN EN 60095—1 标准,蓄电池在 $-18℃$,放电时间为 10 s,端子最低电压为 7.5 V(单格电池为 1.25 V)时的放电电流称为低温试验电流,有关放电时间的细节可查该标准。影响低温试验电流的主要因素是极板数、极板面积、极板距离和隔板材料。

蓄电池低温放电特性的另一个重要参数是内阻 R_i,一个 12 V 蓄电池在 $-18℃$ 时其内阻为

$$R_i \leqslant 4\,000/I_{CC}(m\Omega)$$

式中:I_{CC}——低温试验电流。

蓄电池内阻通常要与起动发动机时起动回路中的电阻一起确定。当然,在不同的国家,低温试验电流是按不同的试验条件确定的,所以不能直接比较它们间的数据。

为起动机提供能量的汽车蓄电池,其低温起动性能要比其容量更重要。低温试验电流是起动性能的一个尺度,因为它与低温放电有关。低温试验电流在很大程度上与极板总面积(极板数和极板面积)和活性物质有关,因为铅物质和电解液间的接触表面越大则短时间的放电电流越大。极板间的距离和隔板物质也是影响电解液中进行快速反应的因素,同样决定着低温试验电流的大小。

7) 静止电动势

静止电动势是指蓄电池在静止状态下(不充电也不放电)正负极之间的电位差(即开路电压),用 E_0 表示。E_0 的大小与电解液的密度和温度有关,在密度为 1.050~1.300 g/cm³ 的范

围内,可由下述公式计算其近似值:

$$E_O = 0.85 + \rho_{25℃}$$

式中:$\rho_{25℃}$——25℃时的电解液密度,g/cm³。

实测所得电解液相对密度按下式换算成25℃时的密度:

$$\rho_{25℃} = \rho_t + \beta(t-25)$$

式中:ρ_t——实际测得的电解液密度,g/cm³;

t——实际测得的电解液温度;

β——密度温度系数,$\beta = 0.00075$,即每温升1℃,密度下降0.00075 g/cm³。

电解液的密度在充电时增大,放电时减小,一般在1.12~1.30 g/cm³之间波动,因此,静止电动势也相应地在1.97~2.15 V之间变化。

8) 蓄电池内阻

蓄电池的内阻反映了蓄电池的负载能力。在相同的条件下,内阻越小,输出电流越大,负载能力越强。蓄电池的内阻为极板电阻、电解液电阻、隔板电阻、铅连接条和极柱电阻的总和,用 R_i 表示。

极板电阻一般很小,并且随极板上的活性物质变化而变化。充电后电阻变小,放电后电阻变大,特别是在放电结束,由于有效活性物质转变为硫酸铅,则电阻大大增加。隔板电阻因所用的材料不同而异。木质隔板比微孔橡胶隔板和微孔塑料隔板的电阻大。另外,隔板越薄,电阻越小。

电解液的电阻随其温度和密度的不同而变化。在温度为+40℃时,其内阻约为0.01 Ω,但在-20℃时则为0.019 Ω。可见,内阻随温度的降低而增大。

电解液内阻随其密度的变化关系如图1-7所示,相对密度为1.2 g/cm³时(25℃),硫酸的离解度最好,黏度较小,电阻也最小。蓄电池在使用过程中,电解液密度在其内阻较小的范围内变化。蓄电池的内阻与连接条电阻和单体电池的连接形式有关,传统外露式铅连接条电阻比内部穿壁式和跨越式连接的电阻要大。

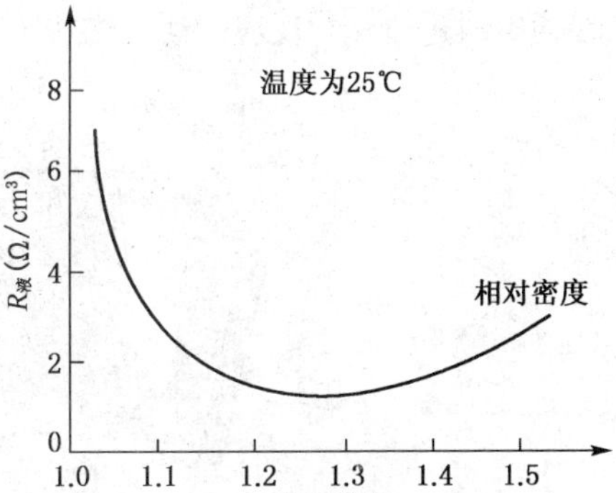

一般说来,起动型铅蓄电池的内阻是很小的。在小电流放电时对蓄电池的电力输出影响很小,但在大电流放电时(如起动发动机时),如内阻过大,则会引起其端电压的大幅度下降,从而影响起动性能。

完全充足电的蓄电池在温度为20℃时的内阻 R,可按下述公式计算其近似值。

图1-7 电解液内阻随其密度的变化

$$R = \frac{U_c^2}{C_{20}}$$

式中:U_c——蓄电池额定电压,V;

C_{20}——蓄电池额定容量,A·h。

三、蓄电池的结构

铅蓄电池一般由3个或6个单格电池串联构成,结构如图1-8所示,主要由极板、隔板、电解液和外壳等组成。

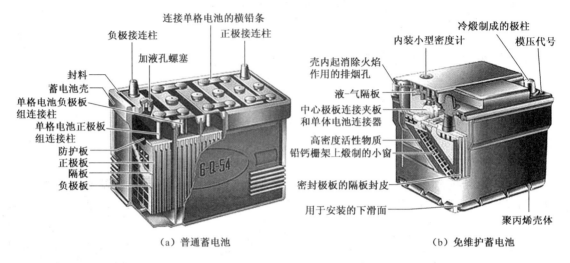

(a) 普通蓄电池　　(b) 免维护蓄电池

图1-8　蓄电池结构

1) 极板组

极板组为蓄电池的核心部分,极板分为正极板和负极板,蓄电池充、放电的化学反应主要是依靠极板上的活性物质与电解液的电化学反应实现的,极板由栅架及涂覆在铅栅架的活性物质组成,正极板的活性物质含二氧化铅,为深棕色,负极板上的活性物质为海绵状的纯铅,为金属灰色。在通电时进行化学反应的活性物质为多微孔的,借以形成更大的反应面积,其形状如图1-9所示。

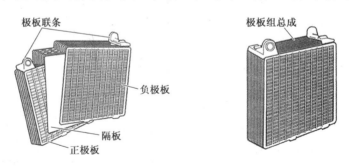

图1-9　极板组结构图

栅架的作用是容纳活性物质并使极板成形。整个架体的平面内构成许多大小相同、分布均匀的长方形空格,下部有凸筋,上部的一角有板耳。免维护蓄电池栅架的材料使用铅钙合金或铅钙银的合金,取代了铅锑合金。钙在铅蓄电池居优势的电位比,就不会发生负极板的中毒,从而阻止极板之间的自放电。但随着蓄电池使用时间的增加,蓄电池的起泡也会随之增加。

隔板材料为抗氧化和耐酸的聚乙烯薄膜,套在正负极板上,把正负极板包了起来,可进一步防止活性物质脱落,并使组装工艺简化。

铅钙合金的极板可以有效降低水的损耗,在使用期内水的损耗通常为1 g/(A·h),为铅锑合金水损耗的1/6。在免维护蓄电池整个使用过程中，起泡电压保持在它的高的初始值状态，只发生少量的水解，由此带来的好处如下：

（1）免维护蓄电池只在高温时才会超过起泡电压，所以起泡很少，水的消耗量很小，因此在使用过程中可以取消给蓄电池补充蒸馏水。

（2）不再出现保养上的错误，如电解液不足或加入蒸馏水不纯等故障。

（3）避免了人体与硫酸的接触或电解液的溢出。

（4）电池的安装位置更自由。

2）电解液

电解液又称电解质，俗称电水。它的作用是形成电离，促使极板活性物质溶离产生电化学反应。电解液是用专用的蓄电池由硫酸与铅酸蓄电池用蒸馏水按一定比例配制而成的。电解液的相对密度，普通蓄电池为$(1.26\pm0.010)g/cm^3$，干荷电蓄电池为$(1.280\pm0.010)g/cm^3$。

配制电解液时，必须使用耐酸耐热的器皿，因硫酸的比热容比水的比热容小得多，受热时温升很快，易产生气泡，造成飞溅现象，所以配制电解液时切记只能将硫酸徐徐倒入蒸馏水中，并不断搅拌。

电解液的密度对蓄电池的工作有重要影响，密度大，可以减少结冰的危险并提高其容量。但密度过大，由于黏度增加，反而会降低蓄电池的容量。电解液必须符合标准相对密度。

电解液必须规定标准温度。电解液的温度不同，其相对密度值也相应改变。一般温度每变化1℃，相对密度变值为0.0007。电解液温度升高，相对密度减小；温度下降，相对密度增大。因此，温度是确定电解液相对密度值的前提。世界各国都规定了电解液的标准温度，我国是15℃，而日本为20℃，欧美国家则规定为25℃和30℃。

3）壳体

蓄电池的壳体是用来盛放电解液和极板组的，外形为长立方体，内部一般分隔成互不相通的3个或6个单格电池槽，顶沿四周有与池盖相接合的特制封沟，壳内底部有凸筋，用以支撑极板组。壳体应耐酸、耐热、耐寒、耐震、绝缘性能好、有一定的机械强度。国内多采用硬橡胶外壳，即硬橡胶模压后，经硫化而成，俗称胶壳。近年来，由于工程塑料的发展，多用塑料（聚丙烯）制成。塑料外壳不仅耐酸、耐热、耐震，而且强度高、韧性好、质量轻。壳体壁较薄，一般为3.5 mm（而胶壳壁厚为10 mm），外形美观透明，塑料壳体易于热封合，生产效率高。

4）单体电池的连接方式

一只蓄电池一般由3个或6个单体电池串联而成，额定电压分别为6 V或12 V。蓄电池的各个单格电池通过单格电池连接条串联起来，为了减少蓄电池内阻和质量，现代蓄电池上采用单个电池直接连接，各个单格电池的极板连接条通过单格电池隔离壁以最短的距离连接，可以减少由于外部影响造成的短路的危险，同时减少了连接条的损耗。

技能操作

一、蓄电池的安装位置

蓄电池的安装位置应满足以下要求：

（1）方便蓄电池的拆卸与安装。

（2）防止快速的升温和高温，防止快速的冷却。

（3）防止过于潮湿。

（4）防止剧烈的振动，蓄电池需要固定好，安装位置没有明显的振动。

（5）防止接触机油、燃油和溶解剂。

为了方便安放，蓄电池通常安装在发动机室内（见图1-10）。

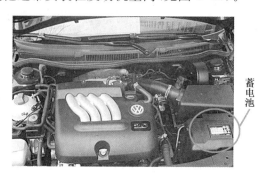

图1-10　发动机室蓄电池位置

二、蓄电池电极的判断

蓄电池上有明确的正负极的标示，如图1-11所示。正极标示为"＋"，通常接红色的接头和连接线，连接发电机、起动机等用电设备；负极的标示为"－"，通常采用黑色或灰色的连接线，直接和车身连接。

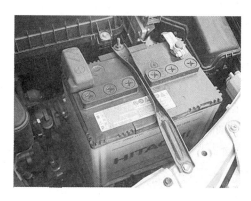

图1-11　蓄电池极柱极性标示

三、蓄电池电压的检测

1）普通数字万用表的使用

普通数字万用表可以测量交、直流电压和交、直流电流，电阻，电容，三极管β值，二极管导通电压和电路短接等，由一个旋转波段开关改变测量的功能和量程。

（1）万用表操作面板说明　万用表面板主要有显示器，功能量程开关、测量插孔区，表笔插孔区三个区域。如图1-12所示。

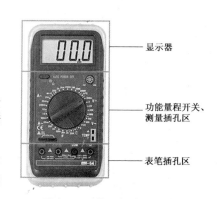

图1-12　普通数字万用表

① 显示器使用三位半数字液晶显示屏，用来读取测量数据。
② 功能量程开关、测量插孔区如图1-13所示。

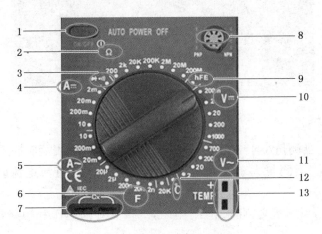

图1-13 功能挡位开关和测量插孔

1—电源开关，按下则接通电源，不用时应随手关断。
2—欧姆挡位，当功能开关旋至欧姆挡位可以检测电阻。
3—短路检查挡位，当测试电路电阻＜(20±10)Ω时，万用表蜂鸣器响，说明测试电路电阻很小，用于短路的检查。
4—直流电流挡位，直流电量程分别为2 mA、20 mA、200 mA和10 A四挡，直流精度为±(读数的1.2%+2个字)。
5—交流电流挡位，交流电量程分别为20 mA、200 mA和10 A三挡，交流精度为±(读数的2.0%+5个字)，最大电压负荷为250 mV(交流有效值)。
6—电容挡位，用于电容的检测共有5个挡位。
7—电容测量插座，测量电容时，将电容引脚插入插座中。
8—三极管测量插座，测量三极管时，将三极管引脚插入插座中。
9—三极管β挡位，用于测量三极管的放大率。
10—直流电压挡位，直流电压(交流频率为45～500 Hz)量程分别为200 mV、2 V、20 V、200 V和1000 V五挡，直流精度为±(读数的0.8%+2个字)以下。
11—交流电压挡位，交流电压(交流频率为45～500 Hz)量程分别为2 V、20 V、200 V和700 V四挡，交流精度为±(读数的1%+5个字)。
12—温度挡位，通过温度传感器可以测量温度。
13—温度传感器插座。

③ 普通万用表通常配备红黑两根表笔(见图1-14)。

图1-14 万用表表笔

表笔插孔区如图1-15所示。

图1-15 万用表表笔插孔

"mA"电流插孔,当测量小于200 mA的交、直流电流时,红表笔应插入此电流插孔。

"10 A"电流插孔,当测量大于200 mA、小于10 A的交、直流电流时,红表笔应插入此10 A电流插孔。

"V/Ω/Hz"插孔,当测量交、直流电压,电阻,二极管导通电压和短路检测时,红表笔应插入此V/Ω/Hz插孔。

"COM"插孔为接地公共端,黑表笔始终插入此接地插孔中。

(2) 数字万用表的使用　按下电源开关,观察液晶显示是否正常,若有电池缺电标志出现,则要先更换电池。

测量交、直流电流时,根据测量电流的大小选择适当的电流测量量程和红表笔的插入孔,测量直流电流时,红表笔接触电压高的一端,黑表笔接触电压低的一端,正向电流从红表笔流入万用表,再从黑表笔流出。当要测量的电流大小不清楚时,先用最大的量程来测量,然后再逐渐减小量程来精确测量。

测量交、直流电压时,将红表笔插入"V/Ω"插孔中,根据电压的大小选择适当的电压测量量程,黑表笔接触电路"地"端,红表笔接触电路中待测点。特别要注意,数字万用表测量交流电压的频率很低(45～500 Hz),中高频率信号的电压幅度应采用交流毫伏表来测量。

测量电阻时,使红表笔插入"V/Ω"插孔中,根据电阻的大小选择适当的电阻测量量程,红、黑两表笔分别接触电阻两端,观察读数即可。特别是,测量在路电阻时(在电路板上的电阻),应先把电路的电源关断,以免引起读数抖动。禁止用电阻挡测量电流或电压(特别是交流220 V电压),否则容易损坏万用表。

同一个万用表测量时量程越小测量精度越高,所以我们在选择量程时尽量在满足测量需要的前提下,选择比较小的量程,可以提高测量精度。

2) 蓄电池起动电压的检测

轿车通常使用12 V直流电源系统,首先打开万用表,选择万用表直流电压20 V挡位,将红色表笔搭蓄电池正极,黑色表笔搭蓄电池负极,读取电压为蓄电池的空载电压。如果将表笔位置调换可以得到一个负电动势,不影响测量结果。通常认为12.5 V以上时说明电量充足,在11.5～12.5 V时电量不足需要补充充电,低于11.5 V说明蓄电池过放电或内部故障,需要检查后再进行充电操作。

空载电压并不能说明蓄电池是否亏电,因为此时测量值为蓄电池开路电压,没有电流通过,蓄电池内阻没有分担电动势,所以测量电压比较高。实际蓄电池在供电时,用电设备通过蓄电池构成回路。蓄电池内阻会分担一部分电动势,而且随着蓄电池的放电,其内阻不断增加,内部压降也随之提高,导致蓄电池实际输出电动势降低。因此引入了蓄电池起动电压的检查,检查蓄电池在起动负载条件下的输出电压。

首先打开万用表,选择万用表直流电压 20 V 挡位,将红色表笔搭蓄电池正极,黑色表笔搭蓄电池负极,起动发动机,读出发动机起动瞬间的电压值为起动电压。起动电压不应低于 10 V,若低于 10 V 说明亏电,需进一步检测电源系统并补充充电。

3) 蓄电池放电电压的检测

(1) 清洁蓄电池极桩上的氧化物。

(2) 将 12 V 高率放电计的正负极夹分别夹在蓄电池的正负极上,扳动测量按钮,此时蓄电池以 20 时放电电流的 4 倍放电,观察此时蓄电池的端电压,测试时间不超过 5 s,但在测试中要求电压稳定,如在 5 s 内电压迅速下降则说明蓄电池故障。如图 1-16 所示。

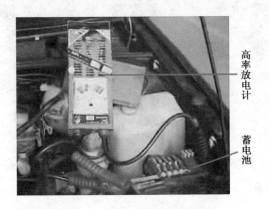

图 1-16　蓄电池高率放电计

分析蓄电池放电电压:

(1) 蓄电池额定容量小于 60 A·h,若蓄电池端电压能保持在 11 V 以上,说明蓄电池性能良好、电量充足。若在 9~11 V 之间,说明蓄电池仍然可以使用,但蓄电池内只剩下一半的容量。若小于 9.5 V,则说明蓄电池存电不足,需充电。

(2) 蓄电池额定容量大于 60 A·h,若蓄电池电压能保持在 11.5 V 以上,说明蓄电池性能良好;若在 9.5~11.5 V 之间,说明蓄电池尚可使用;若小于 9.5 V,则说明蓄电池存电不足,需充电。

四、蓄电池密度的检查

现在市场上蓄电池以免维护蓄电池为主,多数蓄电池内部安装有电解液密度计观察孔(俗称电眼),如图 1-17 所示。

图 1-17　免维护铅酸蓄电池

蓄电池在充满电时,电解液密度达到最大,随着蓄电池放电反应的进行,电解液密度不断降低。根据实际经验,电解液密度每降低 0.01 g/cm³,蓄电池的放电量为 6%,所以通过电解液密度的检测就可以粗略地估算出蓄电池的放电量。此外,电解液严重不足或活性物质脱落时,会引起电解液密度的异常变化。如图 1-18 所示,蓄电池密度计可显示蓄电池的储存电状态和电解液液面的高低。如果电解液密度高,浮力大,密度计浮子的位置高,密度计的观察窗呈绿色,表明蓄电池储存电能充足,可正常使用;若由于蓄电池放电,电解液密度下降,密度计浮子位置下降,观察孔显示深绿色或黑色,表明蓄电池储存电能不足,需补充充电;若显示浅黄色,表明蓄电池已接近报废。在进行目检之前,用螺丝刀的手柄小心地轻敲"电眼"。可能会影响显示的气泡可因此而上升,这样,电眼的颜色显示会更精确。

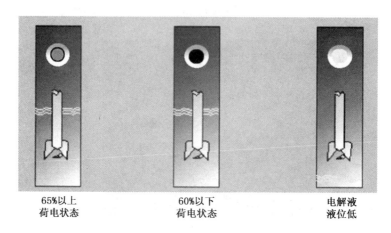

图 1-18　蓄电池密度计显示

五、蓄电池容量的检测

蓄电池的容量检测仪如图 1-19 所示。

图 1-19　蓄电池容量检测仪

蓄电池接入放电电路,设定 20 时放电电流,20 时放电电流为蓄电池额定容量除以 20 得到,例如型号为 6-QAW-54a 的蓄电池,额定容量为 54 A·h,20 时放电电流为 2.7 A,设定电流后,开始放电,放电到蓄电池 10.5 V 时自动停止放电,并且锁存放电时间。放电时间乘以放电电流可得到蓄电池的容量,若低于额定容量说明蓄电池性能下降,蓄电池充满时容量仍低于额定容量的 80%,应更换蓄电池。

六、蓄电池内阻的检查

蓄电池内阻分析仪如图 1-20 所示。

图 1-20　蓄电池内阻分析仪

连接蓄电池正负极，打开检测仪选择菜单"检测电池"，读取蓄电池内阻及估算的蓄电池容量。完全测量单电池电压和内阻，无需电池放电，使用方便。自动估算电池容量，方便维护人员分析和处理。具有故障报警功能，及时发现电池运行故障，当所监测的电池的内阻和电压超出所设置的上下限时，发出声音和文字报警提示。如果测量蓄电池内阻突然增大，则预示着电池寿命即将终止。

实训任务工单

任务名称	蓄电池的性能检测	计划学时	
客户任务	一辆装有 6-QA-150,12 V 150A·h 蓄电池的汽车,起动无力,蓄电池电压过低		
任务目的	制订工作计划,并利用诊断设备对蓄电池进行检测,确定故障并分析原因		

一、理论知识准备

　　1. 铅蓄电池由_____、_____、_____、_____组成。
　　2. 铅蓄电池内部分为_____个单格。一格的静止电动势约为_____伏特。
　　3. 正极板的活性物质是_____,负极板的活性物质是_____。
　　4. 蓄电池的选择必须符合哪些要求？
　　5. 简述我国国产蓄电池的编号规则,描述 6-QA-150 的含义。
　　6. 何谓蓄电池容量？单位是什么？
　　7. 蓄电池放电终了特征是什么？放电时两极板上生成什么物质,电解液有何变化？
　　8. 蓄电池的额定容量和起动容量分别指什么？

二、计划

　　请根据故障现象和任务要求,确定所需要的检测仪器、工具,并对小组成员进行合理分工,制订详细的诊断和修复计划。
　　1. 需要的检测仪器、工具。
　　2. 小组成员分工。
　　3. 诊断和修复计划。

三、实施

　　1. 万用表表面的认识。
　　2. 使用万用表判断蓄电池的极性。
　　3. 使用 12 V 高率放电计检测蓄电池放电电压。蓄电池电压检测结果为_____V。

续表

说明检测结果：
4. 蓄电池电解液液面高度检查。
5. 通过电解液密度观察孔观察蓄电池电解液的状态。
勾选观察到的状态并分析：
绿色□ _____。
深绿色或黑色□ _____。
浅黄色或白色□ _____。
6. 使用手持式蓄电池内阻测量分析仪检测：
蓄电池内阻测量结果 _____ Ω。
蓄电池容量测量结果 _____ A/h。

四、检查与总结

通过上述检查分析，得出以下结论，提出解决方法：
_____
_____
_____

知识能力拓展

免维护蓄电池亏电时也需要进行补充充电，充电方式与普通蓄电池的充电方法基本一样。充电时每单格电压应限制在 2.3～2.4 V 之间，充电时充电电流应稍小些。尽量不要进行快速充电。当免维护蓄电池的密度计显示为淡黄色或红色时，说明该蓄电池已接近报废，即使再充电，使用寿命也不长，此时的充电只能作为救急的权宜之计。有条件时，对免维护蓄电池可用具有电流—电压特性的充电设备进行充电。该设备既可保证充足电，又可避免过充电。

蓄电池的正确使用和维护主要有以下要点：

（1）检查蓄电池在支架上的固定螺栓是否拧紧，安装不牢靠会因行车震动而引起壳体损坏。另外，不要将金属物放在蓄电池上，以防短路。

（2）时常查看极柱和接线头连接得是否可靠。为防止接线柱氧化，可以涂抹凡士林等保护剂。

（3）不可用直接打火（短路试验）的方法检查蓄电池的电量，这样会对蓄电池造成损害。

（4）极柱的质地很软，在安装线卡时尽量不要刮伤极柱而增加线路电阻。若出现碎屑应及时清除。

（5）当需要用 2 块蓄电池串联使用时，蓄电池的容量最好相等，否则会影响蓄电池的使用寿命。

一般免维护电池从出厂到使用可以存放 10 个月，其电压与电容保持不变，质量差的在出厂后的 3 个月左右电压和电容就会下降。在购买时如果选择距离生产日期有 3 个月以上的蓄电池，当场就可以检查电池的电压和电容是否达到说明书上的要求，若电压和电容都有下降的情况则说明蓄电池的质量差。

案例剖析

故障现象：桑塔纳轿车配备 VARTA 蓄电池型号 6-QW-54HD 蓄电池，无法起动，起动机工作无力。

故障分析与排除:打开前照灯灯光昏暗,基本判定蓄电池电量不足。为进一步判定蓄电池电量不足,用万用表分别测量蓄电池开路电压为 11.4 V,起动电压为 9 V。观察蓄电池的密度计,显示为黑色(该款蓄电池密度计显示绿色为良好,黑色需充电,白色为蓄电池损坏),说明蓄电池亏电。充足电后能正常起动发动机,用万用表检测发电机 B＋端子输出电动势为怠速 14.6 V,输出电压正常。经客户反映故障出现在汽车长时间放置后,蓄电池由于长时间放置,自放电而导致蓄电池电量不足,补充充电即可解决问题。同时也提醒我们当蓄电池长时间不用时,应在停车时脱开蓄电池的接地端子。

技能掌握

1. 万用表的使用方法。
2. 蓄电池电压的测量及判断。
3. 铅酸蓄电池的充放电过程。

学习单元 2　蓄电池漏电故障的检测与修复

学习目标

1. 熟悉蓄电池电量不足的检查与分析。
2. 熟悉蓄电池的漏电检测。
3. 掌握蓄电池的充电方法。

任务载体

一辆新捷达装配 6 - QW - 60a 蓄电池，充足电后停驶一段，再度使用时出现起动无力，电解液密度明显下降，待 1～2 天后即无电，开前照灯不亮。按喇叭声响减弱甚至不响。

相关知识

一、传统充电方法

1）恒流充电

在充电过程中随电压的变化调整电流使之恒定的充电方法叫恒流充电。这种维持电流恒定的方法，从直流发电机和硅整流装置中都能得以实现。其操作简单、方便，易于做到，这种方法特别适合由多数电池串联的电池组，落后电池的容量易于恢复，最好用于小电流长时间的充电模式。

恒流充电方式的缺点是，开始充电阶段电流过小，在充电后期充电电流又过大，整个充电时间长，平均充电时间在 15 h 以上，析出气体多，对极板冲击大；能耗高，充电效率不超过 65%。免维护的电池不宜使用此方法。除了对蓄电池进行长时间小电流活化充电外，恒流充电已经很少使用。

2）恒压充电

恒压充电是对每只单体电池以一恒定电压进行充电。一般每单格电池约需 2.5 V，即对 6 V 蓄电池充电电源电压应为 7.5 V，对 12 V 蓄电池应为 15 V。定压充电时，充电开始时电流较大，4～5 h 内可获容量的 90%～95%，缩短了充电时间，充电电流随电动势的增加而减小，充电终了自动降到零，因此不必由人照管，适于补充充电。

此方法较简单，充电时电流可以自动减小，所以充电过程中析气量小、充电时间短、能耗低，充电效率可达 80%。如果充电电压选择得当，可在 8 h 内完成充电。

定压充电的缺点：

(1) 在充电初期，如果蓄电池放电深度过深，充电电流很大，不仅危及充电器的安全，而且电池也可能因过流而受到损伤。

(2) 若充电电压选择过低，后期充电电流又过小，充电时间过长，不适宜串联数量多的电池组充电。

（3）蓄电池端电压的变化很难补偿，充电过程中对落后电池的完全充电也很难完成。

3）恒压限流充电

为补救恒压充电的缺点，广泛采用恒压限流的方法，在充电电源和电池之间串联一个电阻，此电阻称为限流电阻，当电流大时，其上的电压降也大，从而减小了充电电压，当电流小时，用于电阻上的电压降也很小，充电设备输出的电压降损失就小。这样就自动调整了充电电流，使之不超过某个限度，充电初期的电流得到控制。

4）先恒流后恒压充电

先恒流后恒压充电也称为标准恒电流、定电压充电方法。这种充电方法是恒流充电和恒压充电的简单结合，采用前期恒流充电和后期恒压充电的方式，一方面避免了恒压充电初期充电电流过大，另一方面又避免了恒流充电后期过充电的现象。

二、快速充电方法

蓄电池传统的充电方法，不论是定电压充电法还是定电流充电法，其起始的充电电流总是低于电池的接受能力，造成充电效率低、充电时间长。而在充电后期，最终的充电电流总是高于电池的接受能力，因而蓄电池内气体析出率不断增加，直到充电接近结束，所有的充电电流全部供给气体析出。如果充电电压定得过高，正极产生氧气的速度过快，吸收速度低于氧气的产生速度，长时间之后必然造成蓄电池失水，从而诱发电池的微短路、硫酸化等失效现象，损害电池的质量和使用寿命。

同时，高速率充电时电池的极化会造成电池内部压力上升、电池温度上升、电池内阻升高等。这不仅会缩短电池的寿命，而且有可能对电池造成永久性伤害。所以，传统的充电方式不论是从效率的角度还是安全的角度分析都存在着明显的缺陷。

针对传统充电方法充电缓慢、安全性能不好等缺点，国内外陆续提出了一些其他的充电方法，如分级定流充电法、脉冲式充电法、定化学反应状态法、变电流间歇/定电压充电法以及变电压间歇充电法等。

1）分级定流充电法

分级定流充电法和常说的多段恒流充电法类似，它综合了恒压充电和恒流充电两种充电方法，在充电的初期采用较大的充电电流，充电的中期改用较小的电流，至充电后期改用更小的电流。这种充电方法有效地防止了恒压充电和恒流充电中存在的主要问题，且相对简单，是目前应用最为广泛的充电方法。平常所说的二步充电法和三级充电法，基本上都是这种方法在具体应用过程中的一种变体。

二步充电法如图2-1所示。第一阶段以规定的充电电流进行充电，单格电压达到2.4 V时已基本充足，活性物质基本还原，并开始电解水，电解液开始产生气泡，这时如果不将充电电流减小，则不仅不利于使极板内部的活性物质继续还原，而且由于气泡的剧烈产生并急速从极板孔隙中冲出，就会将孔隙边缘的活性物质冲掉，使容量降低。第二阶段，由于以上原因充电电流比第一阶段减少一半，一直继续到电解液密度和电压达到规定数值，且在2～3 h内不变，

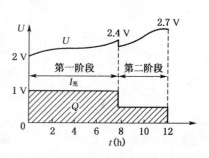

图2-1 恒流充电

并激烈冒出气泡为止。

三级充电法通过三个充电阶段实现，一级恒流和三级恒流都是以恒定的电流给蓄电池充电，二级恒压是以恒定的电压给蓄电池充电。在二级恒压这一过程中电池的充电电流由一级大电流逐渐过渡到三级小电流。这种充电方法结合了恒压充电和恒流充电的优点，既没有对电池造成瞬间大电流冲击，又避免了大电流恒流充电可能带来的过充电现象，而且第三级小电流充电可以在不损坏蓄电池的基础上最大限度地给蓄电池充满电。

2) 脉冲快速充电

脉冲式充电是指充电电流或电压以脉冲的形式加在蓄电池两端，理论基础是通过在充电电流中叠加一定频率的负脉冲电压或短时间的中途停止充电，使参加反应的铅离子来得及通过 $PbSO_4$ 溶液而生成 Pb 和 PbO_2 并提高其浓度，又使生成的 H^+ 和 HSO_4^- 来得及从极板表面移开，其综合效果是降低了蓄电池的浓差极化，允许加大充电电流，从而缩短充电时间。

脉冲快速充电的特点是先用 0.8～1 倍额定容量的大电流进行定流充电，使蓄电池在短时间内充至额定容量的 50%～60%。当蓄电池单格电压升到 2.18 V，开始冒气泡时，由控制电路控制，开始进行脉冲充电。即先停止充电 25～40 ms(称前停充)，接着再放电或反充电，使蓄电池反向通过一个较大的脉冲电流(脉冲深度为充电电流的 1.5～3 倍，脉冲宽度为 150～1 000 μs)，然后再停止充电 25 ms(称后停充)。以后的充电一直按正脉冲充电—前停充—负脉冲瞬间放电—后停充—再正脉冲充电的循环过程进行，直至充足。脉冲电流的电流波形如图 2-2 所示。

脉冲快速充电的优缺点：

(1) 充电时间大为缩短。按常规充电，新电池初充电需 70～90 h，补充充电也需 13～16 h。采用脉冲快速充电，一般初充电 5 h，补充充电 1 h。

(2) 可增加蓄电池容量，提高起动性能。由于脉冲快速充电能够消除极化，因此充电时化学反应充分加深了反应深度，使蓄电池容量增加，提高了起动性能。

(3) 去硫化显著。按一般去硫化充电费时且麻烦，而用脉冲快速充电只需 4～5 h，且效果良好。

(4) 采用脉冲快速充电时，蓄电池析出气体的总量虽然减小，但其出气率高，对极板活性物质的冲刷力强，活性物质易脱落，因此对蓄电池寿命有一定的影响。

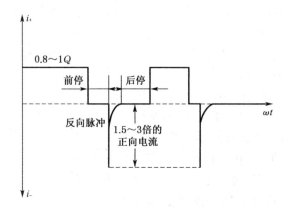

图 2-2　脉冲快速充电的电流波形

3）定化学反应状态充电

定化学反应状态充电是近几年提出的充电方式,并研制出了相应的快速充电设备。采用这种充电方式时,充电设备的闭环跟踪系统动态跟踪蓄电池可接受充电电流,使充电电流始终与可接受充电电流保持良好的匹配关系,使充电过程始终在最优状态下进行,如图2-3所示。

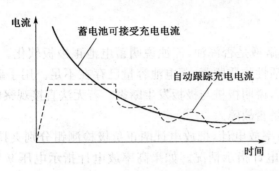

图2-3 定化学反应状态充电

这种充电方式比常规充电模式可节约电能30%～50%,充电时间可缩短为普通蓄电池的1/6～1/4。密封免维护蓄电池,初充电不大于15 h,补充充电为3～5 h,应急充电时间为1 h左右,温升不大于8℃,失水量为零,大大提高了充电效率,也降低了充电过程中的温升和腐蚀。但其造价较高,且充电不够彻底。

4）变电流间歇/定电压充电法

变电流间歇/定电压充电法,将恒电流充电段改为变电流间歇充电段。对于完全放电态电池本来需要9 h充电时间,缩短到不足3 h,定电压充电段充电时间也缩短了20%。

变电流间歇充电段是在限定充电电压的条件下,采用变电流间歇方式加大充电电流,加速充电过程,缩短充电时间,增加充电量。它有3个特点:

(1) 限定充电电压,保证加大充电电流不损害蓄电池。

(2) 用间歇分段的充电方式加大充电电流值。

(3) 为充进尽可能多的电量,应采用逐次减少充电电流值的变电流模式。

技能操作

一、蓄电池漏电的故障分析

根据故障现象基本可以判断蓄电池存在漏电或自放电的现象。可以从以下两个角度出发分析故障原因。

1）蓄电池自身故障

蓄电池内部故障引起自放电的原因有许多,例如蓄电池隔板被击穿或损坏;电解液不纯或混有杂质;蓄电池内部活性物质部分脱落,沉淀在电池底部,使正负极板通过沉淀而放电;蓄电池盖有破裂、封胶不严;蓄电池盖上有电解液、杂质,造成局部短路放电。

2）蓄电池外部故障

蓄电池漏电的外部故障引起自放电的原因主要有:桩头与导线接触不良或搭铁不良;电气线路中的电源线路有故障,绝缘层损坏而漏电;各用电设备内部有短路,产生漏电。

二、蓄电池漏电故障的诊断与修复

检查蓄电池前,首先检查电瓶接线柱,表面是否产生氧化层;检查接线柱是否存在虚接的现象。同时测试发电机输出端电压,从而得知是否为发电机或电压调节器故障。排除以上原因后进行以下检查。

1) 蓄电池的检查

(1) 观察蓄电池电解液是否浑浊,浑浊说明蓄电池正极板软化。观察蓄电池底部是否有沉淀物,如有说明极板活性物质脱落,蓄电池容量已存在不足。用手敲击蓄电池两个电极桩,如果听到有空洞的声音,说明极桩与极板发生断裂。若无法直接观察电解液的状态,可以通过电眼观察,判断蓄电池是否故障。

(2) 使用蓄电池高率放电计,把放电计两正负极检测钳分别夹持蓄电池正负电极,按下测试按钮,观察高率放电计指示情况。如果高率放电计指示电压 9 V 以上说明蓄电池状态良好。如果低于 9 V 但是指针处于某个数值不动说明蓄电池处于亏电状态,需要补充充电。如果指针慢慢下降说明蓄电池内部有短路现象。如果指针快速下降为 0 V 说明蓄电池内部有断路。

(3) 将蓄电池充满电,断开电瓶线放置 15 h,检查蓄电池是否亏电,若馈电说明蓄电池故障,否则为汽车电路故障。

2) 车载电器及线路的检查

关断点火开关,拆下蓄电池负极,将电流表串在蓄电池极柱与接头之间,几分钟后电流稳定后,看万用表的读值。正常情况下漏电电流不应大于 50 mA,如果超过此值应进行线路及用电设备的检查,可用逐一拔保险丝的方法来进行查找。观察每拔掉一个保险丝过程电流的变化情况,如果电流明显下降则此处的用电器可能存在漏电现象。现在车载系统中音响、ECU 和防盗系统等智能化电器都需要维持记忆及监控功能,静态时有几十毫安的电流,是正常的。例如 SANTANA2000GSI 的静态漏电量为 30 mA,PASSATB5 的漏电量为 20 mA。

乘用车蓄电池的容量一般为 40~60 A·h,若静态漏电为 20 mA,那么车辆放置 12 h 的耗电量为 12 h×20 mA=0.24 A·h,正常的静态漏电对蓄电池的使用并没有什么影响,但是如果长时间放置仍然会出现亏电的现象。这也是我们为什么要求在汽车长时间不开时应断开蓄电池的接线端子。

如果漏电电流过大则说明汽车车载电器或汽车电路中存在漏电,常见的蓄电池静态漏电的原因有:

(1) 后备箱内的照明灯常亮。
(2) 门控灯和踏步灯等由于其开关损坏或短路造成其常亮。
(3) 改装的防盗系统的汽车,当其失效时可能导致电机长期工作,造成漏电。
(4) 有的报警系统过于灵敏,频繁的闪烁灯光也会耗电。
(5) 有的加装的音响系统接线不当,使其的工作不受点火开关的控制,停车后长期耗电。
(6) 散热器的热敏开关损坏,停车后风扇一直工作。
(7) 后风窗玻璃的加热和进气歧管预热等加热设备的线路带故障工作,又不易被发现。

三、蓄电池的补充充电

1) 充电机的类型

(1) 便携式智能充电机(见图2-4)

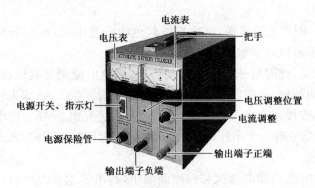

图2-4 便携式智能充电机

(2) 充电起动电源(见图2-5)

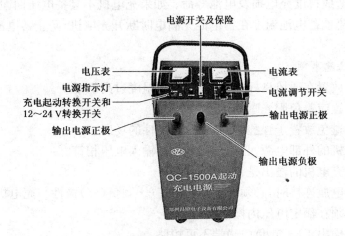

图2-5 充电起动电源

(3) 快速充电起动电源(见图2-6)

图2-6 快速充电起动电源

2）充电机的操作

(1) 充电前请确认充电机机型,输出的电压是否正确。

(2) 将输出线与充电机结合。

(3) 接上电源插头,打开面板电源开关,此时电源指示灯亮起,电压表指示 13.8 V (12 V)/27.6 V(24 V)。

(4) 若上述正常,则先关闭电源,将输出线红色线与蓄电池(＋)端连接,黑色线与蓄电池(－)端连接,并注意不可以有接触不良或短路现象。

(5) 打开电源开关,此时可依据充电时间需求,调整电流调整旋钮设定最大充电电流,电流设定越大,充电时间越短,长时间充电,充电电流建议设定为 1 A(如果使用快速充电起动机则可以选择快速充电或慢速充电进行充电操作,通常快速充电 5～6 h 可以完成充电)。

(6) 充电机面板部分有一个电压调整内藏旋钮,于出厂时已设定,若非电池老化须较高充电电压,请勿随意调整。

(7) 充电机充电电流会随电池饱和程度而渐小,待电池饱和充电时,电流亦趋近于零,代表充电完成。

(8) 充电机具有电压回馈检知功能,可长时间与电池连结充电,当电池充电饱和时,无充电电流输出,不会造成过度充电损及电池寿命。如果充电机不具备电压回馈检知功能,需根据充电时间、充电电流或蓄电池温度在蓄电池充满电时断开充电机,防止蓄电池过充电和蓄电池温度过高。

3）充电中的注意事项

(1) 充电机应放置在通风良好处,切勿放置于温度过高的场所。

(2) 充电机放置应避免阳光曝晒或雨淋。

(3) 充电机应避免放置于强酸、强碱或具腐蚀性的场所。

(4) 供应充电机的外部电源,必须与充电机的输入电压相符。

(5) 定期检查充电机的输出是否正常。

(6) 充电机与电瓶连接时,必须确定电瓶的正(＋)、负(－)极性与充电机的极性相同。

(7) 充电机必须在额定电压内操作使用。

(8) 充电机的输出正(＋)、负(－)端不可短路。

4）充电故障排除

(1) 充电机无电压输出的故障检查步骤如下:

① 检视交流电源是否正常。

② 检查保险丝是否熔断。

③ 输出接线是否有接触不良。

④ 连接线路中是否有短路现象。

⑤ 检查是否极性反接。

(2) 无充电电流或充电电流无法调整的故障检查步骤如下:

① 检查是否电池已达饱和电压。

② 检查是否存在连结线接触不良的现象。

③ 检查充电机与使用规格是否匹配。

④ 检查电池是否已老化。

实训任务工单

任务名称	蓄电池漏电故障的检测与修复	计划学时	
客户任务	装备型号为6-Q-105的汽车无法起动,起动瞬间起动机转动但迅速停止,据客户反映,停车时一切正常,等车两天后出现此故障		
任务目的	请制定工作计划,并利用诊断设备确定故障原因,并对故障进行处理		

一、理论知识准备

1. 普通铅酸蓄电池加液孔螺塞上的小孔是_____孔,应保持畅通和清洁。
2. 极板短路故障的特征是:充电电压_____,电解液密度_____,充电中气泡_____。
3. 静止电动势指的是_____。
4. 极板硫化指的是_____。
5. 造成极板活性物质脱落的主要原因是什么?
6. 恒压充电法的优缺点是什么?
7. 蓄电池去硫化充电的方法是什么?
8. 电解液的配制应注意哪些事项?
9. 蓄电池使用时的注意事项有哪些?

二、计划

请根据故障现象和任务要求,确定所需要的检测仪器、工具,并对小组成员进行合理分工,制定详细的诊断和修复计划。
1. 需要的检测仪器、工具。
2. 小组成员分工。
3. 诊断和修复计划。

三、实施

1. 观察蓄电池外壳(是□/否□)有裂纹,极柱(是□/否□)松动,封胶(是□/否□)干裂。
2. 观察蓄电池液面高度(过高□/正常□/过低□)。
3. 检测蓄电池的放电电压_____。
4. 检测蓄电池的容量_____。
5. 检测蓄电池电阻_____。
6. 漏电率的检查:
  检查方法:_____
  _____
  检查结果:_____。
  通过上述检查,得出以下结论:
  _____
7. 故障排除:_____
  _____
8. 蓄电池充电方法选择:_____
  原因说明:_____
  _____

四、检查与总结

故障排除后,进行如下检查:
1. 电解液密度_____电解液高度_____。
2. 蓄电池放电电压_____。
通过上述检查,得出以下结论:
_____

知识能力拓展

一、蓄电池的使用寿命

蓄电池充电和放电一次称为一个循环周期。蓄电池的使用期限多数以循环数或周期数表示,即在一定的放电条件下,当电池容量降至某一规定值前,电池能承受充放电的周期数。

影响蓄电池使用寿命的主要因素有:

(1) 环境温度对电池的影响较大。环境温度过高,会使电池过充电产生气体,环境温度过低,则会使电池充电不足,这都会影响电池的使用。因此,一般要求环境温度在25℃左右。超出此范围都会影响电池的容量和电池的使用寿命。

(2) 放电深度对电池使用寿命的影响也非常大。电池放电深度越深,其循环使用次数就越少,因此在使用时应避免深度放电。蓄电池处于轻载放电或空载放电的情况下,也会造成电池的深度放电。

(3) 电池充放电电流一般以C来表示,C的实际值与电池容量有关。充电电流过大或过小都会影响电池的使用寿命。放电电流一般要求在 0.05~3 C 之间。

二、蓄电池的选购

铅酸蓄电池具有可逆性好、电压稳定、原材料容易获得及回收、成本低以及应用广泛等优点,目前仍然是蓄电池的主流类型,短期内也无法被替代。未来的发展趋势是开发长寿命的铅酸蓄电池,以减少对铅的需求。例如采用冲压成型的板栅及特殊配方材料,以提高耐腐蚀和电流传输能力,另外采用胶体电解质或AGM(采用超细玻璃棉材料的隔板)的阀控密闭式铅酸蓄电池也将成为主流。

我国是产铅大国,目前也在积极争取铅产品的国际定价权。而蓄电池的主要材料是铅,铅材料的丰富在一定程度上也助推了中国蓄电池行业的产能,反映到蓄电池市场,必然导致整个市场具有一定的不规范性。

目前车主对蓄电池产品的品牌意识不强,蓄电池行业还没有垄断性的领导品牌。一些中小蓄电池生产企业为了提高产品的价格竞争力,不惜一切手段降低生产成本,从而导致产品的质量无法保障。而且,蓄电池产品的假冒伪劣现象比较严重,尤其在售后市场,假冒蓄电池的案例非常多。劣质蓄电池主要会导致以下几种现象:蓄电池寿命短,遇有气温骤变(例如夏天或冬天),起动无力的概率大大增加;蓄电池通气孔容易堵塞,严重时会导致排气不畅而发生爆炸。蓄电池是周期性使用的产品,很难通过一次的使用来判定性能的优劣,在长期的使用过程中又存在很多不可知的偶发因素,也很难去判定蓄电池的性能。现代车辆的电器元件越来越多,给用户带来方便的同时也带来耗电量的增加,同时对车辆的蓄电池要求也越来越高。如何选择蓄电池也是非常重要的问题。

1) 选择知名的品牌

博世公司免维护蓄电池分为3条产品线,即S3-"动能"经济型蓄电池、S4-"动力神"强劲型蓄电池和S5-"银侠"高性能蓄电池(见图2-7),可覆盖国内约95%的车型。

图 2-7　博世 S5-"银侠"　　　　　图 2-8　ACDelco 免维护电池

ACDelco 免维护电池使用通用汽车原厂技术(见图 2-8),ACDelco 还是最早将快速保养模式引入中国的全球知名品牌之一。

美国江森自控有限公司收购了德尔福全球蓄电池业务(除美洲外),并成立上海江森自控国际蓄电池有限公司,正式投产蓄电池。江森自控目前在中国汽车蓄电池市场拥有 3 个品牌,分别是 OPTIMA、瓦尔塔(见图 2-9)和赛龙(MIURA)。其中,OPTIMA 主要是面向高端市场,特别是改装车、游艇及特殊需求的客户等。瓦尔塔主要面对中、高端车型用户。赛龙是江森自控充分考虑到了中国消费者的不同需求而推出的本地化品牌。

图 2-9　瓦尔塔蓄电池　　　　　图 2-10　冠军蓄电池

辉门集团冠军品牌铅酸免维护蓄电池(见图 2-10)于 2007 年引入中国市场。由于进入中国市场较晚,一些大的、成熟的经销商已成为其他品牌的代理。而且冠军蓄电池采用品牌合作方式,由世界上最大的蓄电池制造商美国江森代工生产,辉门缺乏生产能力,因此在价格上没有优势。

天津统一工业有限公司是一家超大规模的铅酸蓄电池厂家。公司的蓄电池产品主要包括 GS(见图 2-11)和统一 2 个品牌。

2)选择规定型号的蓄电池

图 2-11　GS 蓄电池

选择与车型相匹配的蓄电池,容量并不是越大越好,容量过大和发电机不匹配可能造成蓄电池经常亏电,导致蓄电池早期损坏。

3)检查壳体是否有损伤

检查极柱是否有氧化或划伤的痕迹,检查电眼观察孔是否清晰。

4)对于荷电的免维护蓄电池可以直接检查蓄电池的容量

如果出现亏电现象,看出厂日期,如果在10个月以内说明蓄电池自放电比较严重,10个月以上的可充满电后检查。

案例剖析

故障现象:桑塔纳轿车配备VARTA蓄电池型号6-QW-54HD蓄电池,停车时蓄电池正常,隔两天再起动汽车发现起动无力。

故障分析与排除:打开前照灯灯光昏暗,基本判定蓄电池电量不足。为进一步判定蓄电池电量不足,用万用表分别测量蓄电池开路电压、起动电压都偏低。观察蓄电池的密度计,显示为黑色,说明蓄电池亏电。用万用表检测发电机B+端子输出电动势为怠速14.6 V,输出电压正常。检查蓄电池连接端子正常,同时考虑停车的时候没有问题,怀疑电器线路有漏电现象,关闭点火开关,断开负极接线柱接入电流表,读数为200 mA。静态电流过大,怀疑刚加装的音响系统有漏电现象,断开音响的供电,电流降为31 mA,确定音响系统存在漏电问题。

技能掌握

1. 充电机的使用方法、常用的充电方法有哪些?
2. 影响蓄电池寿命的因素有哪些?

学习单元 3 发电机驱动皮带的检查与更换

汽车上虽然有蓄电池作为电源,但由于蓄电池的储电能力非常有限,只能在汽车起动时或汽车发动机不工作时为汽车提供电能,而不能长时间为汽车供电。因此,蓄电池只能作为汽车的辅助电源。

在汽车上,发电机是汽车的主要电源,其功用是在发动机正常运转时向所有用电设备供电,同时给蓄电池充电。汽车用发电机可分为直流发电机和交流发电机(见图3-1),由于交流发电机的性能在许多方面优于直流发电机,因此直流发电机已被淘汰。目前汽车采用三相交流发电机,内部带有整流电路,将交流电整流为直流电输出。

此外,交流发电机必须配装电压调节器。电压调节器对发电机的输出电压进行控制,使其保持基本恒定,以满足汽车用电设备的需求。

图 3-1 交流发电机

学习目标

1. 掌握发电机的更换方法。
2. 掌握皮带的更换方法。
3. 熟悉发电机的安装与调整。

任务载体

桑塔纳 2000 轿车行驶中音响突然停止工作,充电指示灯亮,继而发动机熄火停车。再次起动时发电机无法起动。

相关知识

一、电动力学原理

1)电磁感应

电磁感应是动能产生电能的基础。当一个导体(导线或线圈)在外力作用下做切割磁力线的运动,导体内就感应出电压。线圈的两端通过两个集流环连接到电压表上。线圈与磁极不断变化的关系反映在电压的变化上,从电压表可看出来。如果线圈均匀转动,就产生一条正弦电压曲线,其最大值出现在 90°的中间时刻。电路一旦闭合,就有交变电流流动。如图 3-2 所示,绕组在磁场中旋转一周产生的电压曲线,转子位置与曲线中的位置 3 相对应。

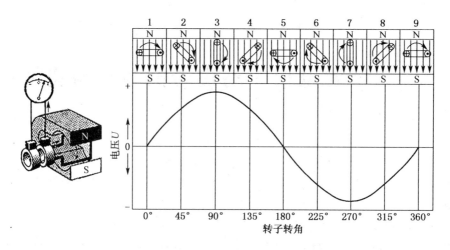

图 3-2 单相交变感应电压

2）磁场的产生

磁场可以由永久磁铁产生。由于简单，技术要求低，小型发电机上都使用永久磁铁。另外一种则是由电磁铁产生，通以直流电，可以产生高得多的电压，而且能够控制。这就是为什么用它来产生励磁电磁场的理由。当电流流经线圈或绕组时，它们就与磁场相互作用。电磁学就是建立在这一现象的基础之上。绕组的匝数和流过的电流大小，决定磁场的强度。绕组如加上能导磁的铁心，磁场可以进一步增强。当线圈在磁场中转动时，就感应出交变电压。在实际的发电机中，为增加感应电势，由许多线匝构成绕组。

此原理用到直流或交流发电机上时，一个突出的优点就是磁场和感应出的电压都可以用增减励磁电流的大小来控制。当励磁电流断开时，除了微弱的剩磁之外，励磁绕组中的磁性就消失了。如果由外部能源（如蓄电池）供给励磁电流，术语就叫做"他励"。如果励磁电流取自电机本身电路，术语就叫"自励"。在电机中，由绕组和铁心构成的旋转系统称为转子。

二、交流发电机的工作原理

与前面所说的单相交流电一样，三相电流也是由转子在磁场中旋转而产生（图 3-3）。三相交流电的优点之一是发电机电势的利用更为有效。三相交流发电机的电枢包括完全相同的

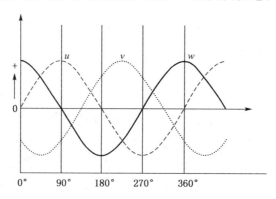

图 3-3 三相交变感应电压

3只绕组(u、v、w),彼此相隔120°。3只绕组的始端通常指定称作u、v、w,末端称作x、y、z。根据感应定律,当转子在磁场中旋转时,3只绕组内会产生正弦电压。3个电压大小和频率完全相同,唯一不同之处是相位相差120°。这是感应电压相差120°的结果。因此,只要转子一旋转,交流发电机就产生三相电压。

如果这些绕组互不相连,发电机就要用6根导线将产生的电能送出,见图3-4(a)。要是把3条电路相互连接,导线数就可以从6根减到3根。连接的方法有星形连接[见图3-4(b)]和三角形连接[见图3-4(c)]。

在星形连接的情况下,3只绕组的末端接在一起,成为星中点。不接中性导线时,3个指向星中点的电流之和,在任一瞬时都等于零。如图3-4所示,U_p为相电压,U为线电压,I_p为相电流,I为线电流。星形连接时$U=\sqrt{3}U_p$、$I=I_p$。三角形连接时$U=U_p$、$I=\sqrt{3}I_p$。

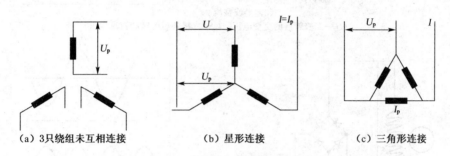

(a) 3只绕组未互相连接　　(b) 星形连接　　(c) 三角形连接

图3-4　交流发电机3只绕组的连接方式

上面的讨论都集中在一种交流发电机的形式,即励磁磁场静止不动,而感应出负载电流的电枢绕组是旋转的。然而汽车交流发电机的三相绕组(星形或三角形连接的)却是嵌在定子中(发电机壳体的静止部分),因此绕组也常叫做定子绕组。磁铁的磁极连同励磁绕组则装在转子上,一旦励磁电流通过励磁绕组,转子磁场就建立起来。

当转子旋转时,它的磁场就在定子绕组中感应出三相交变电压,给相连的负载提供三相电流。

三、交流电压的整流

交流发电机产生的三相交流电不能在车辆的蓄电池中存储,也不能用来给电子部件和电控单元供电,因此必须将三相交流电整流。整流的先决条件之一,是要有高性能的功率二极管,能够在宽广的温度范围内有效地工作。

整流二极管有反向和正向方向性。正方向用箭头符号表示。一只二极管可比喻为一只单向阀,只允许液体或气体从一个方向通过,另一个方向则不通。整流二极管阻止负半波不让通过,只允许正半波通过,结果得到一个脉动的直流。所谓全波整流,是将所有半波都利用起来,包括被阻止的负半波。

利用二极管单向导通的特性,整流的原理如图3-5所示,半波整流如图3-5(a),全波整流如图3-5(b)。

交流发电机三相绕组中产生的交变电流用桥式电路整流,用6个二极管,结构如图3-6所示,每相接2只二极管,1只接正极,正半波可以通过,1只接负极,负半波可以通过。桥式电路做全波整流时,正负半波的包络线相加,形成一个波纹不大的交流整流电压,如

图 3-7 所示。

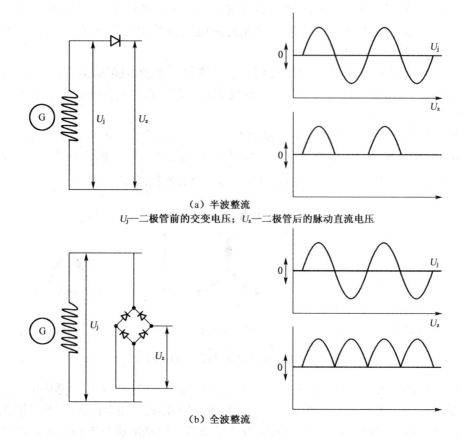

(a) 半波整流

U_j—二极管前的交变电压；U_z—二极管后的脉动直流电压

(b) 全波整流

图 3-5 整流原理图

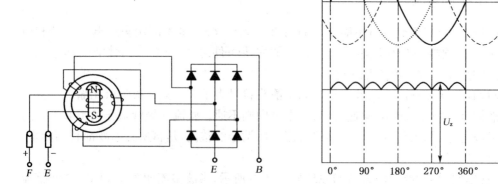

图 3-6 三相同步交流发电机的工作原理图　　图 3-7 发电机整流原理图

根据发电机整流器的整流原理，发电机所提供的直流电并不是理想的平滑，而是带有一定的波纹，由于波动比较小，会被蓄电池或电气系统过滤，不会对用电设备产生影响。

技能操作

一、发电机的安装位置

发电机安装在发动机的前端,通过皮带由发动机驱动,如图 3-8 所示。

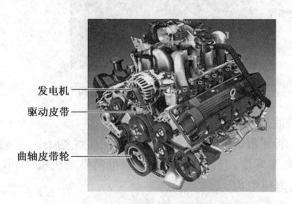

图 3-8　发电机的安装位置

发电机的结构特点很明显,我们很容易在发动机舱找到发电机,图 3-9 为赛欧轿车的发电机位置。

图 3-9　发电机的安装位置

二、汽车发电机的更换

汽车发电机的更换可以说很简单也可以说很复杂,主要看其所在位置和张紧传动皮带的方式。

简单来说,更换步骤分为 3 个阶段,首先是松开传动皮带及拆除与发电机相连的电线(包括正极线和指令线),其次是拆除固定螺栓并取出发电机,最后是按相反次序装上新的发电机。

通常发电机本身带有两个安装螺栓的位置,一个用于安装固定位置,一个用于调整张合,但若传动皮带是使用张紧轮方式的话,两个螺栓均为固定位置所用。

以下根据结构形式不同,由简单到复杂做个介绍。

(1) 无张紧轮,有明显的用于调整张紧度的螺栓(见图3-10)

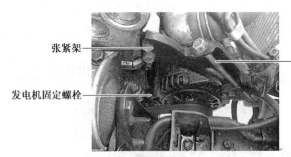

图3-10　发电机张紧机构

这种形式相对比较简单,可以通过以下步骤完成:
① 关闭点火开关,断开蓄电池,断开发电机上相关接线端子。
② 松开紧固螺栓和张紧度调整螺栓,将发电机推向发动机机体,取下皮带轮。
③ 拧掉螺栓,将发电机取出。
(2) 利用弹簧作为张紧装置的发电机(见图3-11)

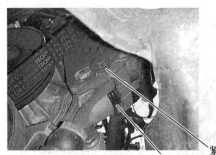

图3-11　发电机弹簧张紧机构

① 拧松紧固螺栓1,如图3-12所示。

图3-12　紧固螺栓1

② 拧松紧固螺栓2,如图3-13所示。

图3-13 紧固螺栓2

③ 用一长条形工具,例如大号的螺丝刀,插在紧固螺栓2下方(如图3-14),然后用力把发电机往下压,同时便可从皮带轮取出皮带,如图3-15所示。

图3-14 螺丝刀插入位置

图3-15 发电机皮带取出

④ 皮带取出后,拧掉紧固螺栓1、2,可拆下发电机。

(3) 张紧轮作为张紧装置的发电机

以Ford Focus为例,因为发电机所在位置空间不足,必须先拆除一些其他配件才可取出发电机。操作步骤如下:

① 拆除散热器和风扇。

② 用扳手套在张紧轮上的螺丝,然后顺时针方向向下扳,张紧轮便会向下滑动,同时可从发电机皮带轮上取开皮带。如图3-16所示。

③ 拆掉发电机固定螺栓,取出发电机。

三、发电机驱动皮带的更换

1) 发电机的驱动皮带

交流发电机直接由车辆发动机驱动。驱动通常通过V形皮带,很少用弹性联轴节驱动

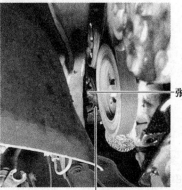

图3-16 发电机张紧轮

的。皮带驱动(用 V 形带)是功率传递中最重要的成分,因而皮带材料必须有很高的抗弯强度。

V 形皮带损坏经常是由于断裂,因而使用符合上述要求而且寿命长的 V 形皮带就很重要。汽车使用的标准皮带有侧面带凹口的皮带和肋状 V 形皮带。

侧面带凹口皮带(见图 3-17)的侧凹口设计特点是挠度高、侧面刚度极大和抗磨损。尤其在用小直径挖坑皮带轮时能改善功率传递,与常规的套胶 V 形带相比,寿命长得多。

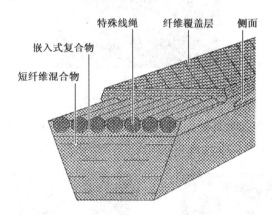

图 3-17　侧面有开口的 V 形皮带构造

肋状 V 形带的高挠度(多 V 形皮带,见图 3-18)允许弯曲半径很小,即交流发电机可以配小直径的皮带轮(最小直径 45 mm),从而可以有较高的传动比。皮带的背面也能用来传递功率,这就可以用一根皮带以适当的不同包角绕在几个皮带轮上,驱动好几台机器(交流发电机、散热风扇、水泵、动力泵等)。

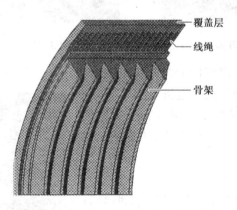

图 3-18　多肋 V 形皮带(多 V 形皮带)

2) 发电机驱动皮带的故障

发电机驱动皮带的故障主要表现为:

(1) 驱动皮带打滑

发电机驱动皮带和发动机的距离很近,工作时经常处于高温状态,在长期使用后会出现老化、失去弹性或过度磨损,导致驱动皮带打滑。皮带打滑的典型现象是发出尖锐的"唧唧"声。而且随着发动机转速的提高声音越来越尖锐,同时伴随发电机输出电压降低、橡胶的焦糊味儿。拆下皮带观察磨损量不大,皮带没有裂纹或变形的可以继续使用,否则更换。

(2) 驱动皮带断裂

皮带断裂需更换,如图 3-19 所示。

3) 发电机驱动皮带的更换

更换的具体方法,在更换发电机时已有说明,松开发电机皮带张紧装置,从发电机皮带轮上卸下驱动皮带,安装新的皮带轮即可。注意,装上新的皮带必须调整发电机皮带的张紧度,如果过紧会导致皮带轮的摩擦阻力过大,影响发电机的驱动,同时会造成发电机轴、水泵轴以及皮带的磨损,如果过松会导致皮带轮打滑、异响。

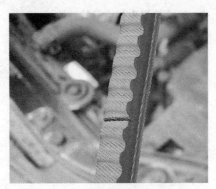

图 3-19 发电机驱动皮带断裂

4) 驱动皮带的更换周期

驱动皮带的更换通常视工况而定,进口 V 形皮带的更换周期一般为每 10 万公里更换一次,国产 V 形皮带的更换周期一般为每 4 万公里更换一次。注意经常检查皮带的状态是很重要的,特别是跑长途的时候,如果半路上皮带断了是很麻烦的事情。

实训任务工单

任务名称	发电机和驱动皮带的更换	计划学时	
客户任务	桑塔纳 2000 轿车行驶中音响突然停止工作,充电指示灯亮,继而发动机熄火停车。再次起动时发电机无法起动		
任务目的	制定工作计划,并利用发电机万能试验台对发电机进行性能检测,判定发电机是否能够继续使用		

一、理论知识准备

1. 交流发电机的功用是_____。
2. 普通交流发电机由_____、_____、_____、_____构成。
3. 发电机的空载特性指的是_____。
4. 发电机的负荷特性指的是_____。
5. 当给发电机激磁时,转速会_____,为什么会出现这种现象?

二、计划

请根据检测任务要求,确定所需要的检测仪器、工具,并对小组成员进行合理分工,制定计划。

1. 需要的检测仪器、工具。
2. 小组成员分工。
3. 诊断和修复计划。

续表

三、实施

1. 旧发电机的拆卸

(1) 关闭点火开关,断开蓄电池,断开发电机上相关接线端子。

(2) 松开紧固螺栓和张紧度调整螺栓,将发电机推向发动机机体,取下皮带轮。

(3) 拧掉螺栓,将发电机取出。

2. 待装发电机空载试验

试验步骤:

试验结果:

交流发电机空载特性曲线

发电机空载特性检测数据

转速 n(转/分)	电压 U(V)

3. 待装发电机负载试验

试验步骤:

试验结果:

交流发电机负载特性曲线

续表

发电机负载特性曲线检测数据

转速 n(转/分)	电压 U(V)

4. 通过对上述检查结果分析，得出结论并提出解决方案：

5. 发电机的安装：

6. 皮带的调整：

四、检查与总结

1. 检查发电机输出电压。
2. 通过检查分析，得出以下结论：

知识能力拓展

一、国标交流发电机的型号命名规则

根据中华人民共和国汽车行业标准 QC/T 73—1993《汽车电气设备产品型号编制方法》的规定，汽车交流发电机型号组成如下：

1) 产品代号

产品代号用中文字母表示（见表3-1）。

表3-1 产品代号

JF	JFZ	JFB	JFW
普通交流发电机	整体式交流发电机	带泵的交流发电机	无刷交流发电机

2) 电压等级代号

电压等级代号用一位阿拉伯数字表示：1 表示 12 V 系统，2 表示 24 V 系统，6 表示 6 V

系统。

3) 电流等级代号

电流等级代号也用一位阿拉伯数字表示,其含义见表3-2。

表3-2 电流等级代号

1	2	3	...	9
10～19 A	20～29 A	30～39 A	...	90 A以上

4) 设计序号

设计序号用1～2位阿拉伯数字表示,表示产品设计的先后顺序。

5) 变形代号

交流发电机以调整臂位置作为变形代号,从驱动端看,调整臂在左端用Z表示,调整臂在右端用Y表示,调整臂在中间不加标记。

由于标准缺少更详细的参数,因此一个标准并不能完整描述发电机的所有详细信息。比如JFZ181,只能告诉我们是"整体式(调节器内置)交流发电机、12 V、80～90 A"一些基本的信息,并不能告诉我们形状、特点、适用的车型等。因此,在与国外的汽车厂商沟通交流和修配中,仍然少不了使用OE编号。

二、通过OE编号查找电机设备

在汽车制造业发达的国家,每个汽车生产厂为方便对零部件进行管理,对每种车型的每个零部件都采用不同的编号来区别分类,这个编号就是OE编号。

每个OE厂商都有不同的编号规则。比如:F1DU－10300－AD是FORD福特的编号,0-124-325-003是BOSCH博世的编号。

每个OE编号对应唯一的产品,但同一个产品,因为装配在不同的车型上,从而有可能有几个不同的OE编号。

通过OE编号可以查询出该产品的类型(发电机、起动机还是电机的零配件)、具体的性能和详细参数,也可以知道该电机应用的具体汽车品牌、车型系列、出厂年代,以及对应的发动机的具体型号。

与国际接轨采用标准OE编号是中国汽车电机行业今后的必然趋势。

案例剖析

故障现象:桑塔纳轿车低速正常,加速时发电机皮带发出刺耳的"唧唧"声。

故障分析与排除:发电机皮带问题,经询问皮带大概跑了6万公里,已经进入更换周期,应该做仔细的全面检查,不应简单地张紧皮带。打开引擎盖,松开发电机的张紧螺栓,松开紧固螺栓,将发电机推向发动机方向,取下皮带检查,发现皮带已老化,更换皮带后故障排除。

技能掌握

1. 发电机更换的注意事项。
2. 发电机V形带的更换周期,如何更换发电机皮带?
3. 发电机型号认识。

学习单元 4　发电机不发电故障检修与修复

学习目标

1. 熟悉发电机的结构工作原理。
2. 掌握发电机的检测方法。

任务载体

汽车行驶中,突然发现充电指示灯亮了,停车起动后充电指示灯仍然亮,检查发电机输出端电压,在发电机 2 000 转时,电压为 12 V,怀疑发电机不发电。

相关知识

目前国内外生产的汽车交流发电机的结构基本相同,都是由三相同步交流发电机和硅二极管整流器两大部分构成。图 4-1 为交流发电机的组件图。

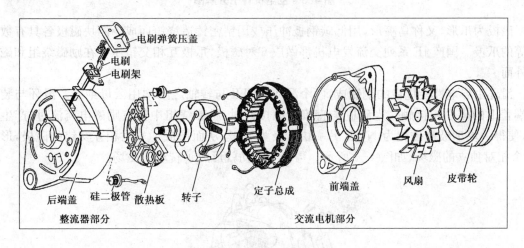

图 4-1　交流发电机的组件图

三相同步交流发电机的作用是产生三相交流电,它主要由转子、定子、前后端盖、风扇及皮带轮等组成。

1) 转子

转子是三相同步交流发电机的旋转磁场部分。它是由转轴、2 块爪形磁极、磁轭、励磁绕组、滑环(也称集电环)等部件构成,如图 4-2 所示。

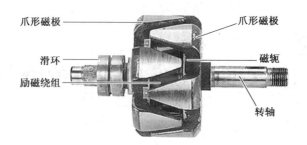

图 4-2　发电机转子

转轴用优质钢车削而成,中部有压花,一端有半圆键槽和米制螺纹。导磁用的磁轭用软磁材料的低碳钢制成,压装在转轴的中部。励磁绕组用高强度漆包铜线绕一定匝数而成,套装在磁轭上,两个线头分别穿过一块磁极的小孔与两个滑环焊固,如图 4-3 所示。

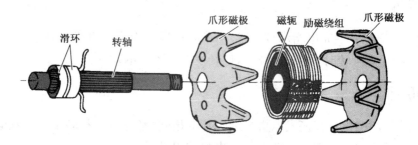

图 4-3　发电机转子分解图

磁极为爪形,又称鸟嘴形,用低碳钢板冲压或用精密铸造浇铸而成。两块磁极各具有数目相等的爪极。国产 JF 系列交流发电机都做成 6 对磁极,爪极互相交错压装在励磁绕组和磁轭的外面。

滑环由导电性能优良的铜制成,两个滑环之间及与转轴之间均用云母绝缘。滑环与装在后端盖上的碳刷相接触。当碳刷与直流电源接通时,励磁绕组中便有励磁电流流过,产生磁场,使得一块爪极被磁化为 N 极,另一块爪极为 S 极,从而形成了 6 对相互交错的磁极,形成 12 个相对独立的磁场,如图 4-4 所示。当转子转动就形成了转动的磁场。

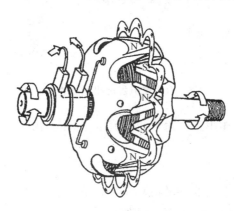

图 4-4　转子感应磁场

2）定子

定子的功用是产生交流电。定子安装在转子的外面,与发电机的前、后端盖固定在一起,当转子在其内部转动时,引起定子绕组中磁通的变化,定子绕组中就产生交变的感应电动势。

定子又叫电枢,定子由定子铁心和定子绕组(线圈)组成,如图 4-5 所示。

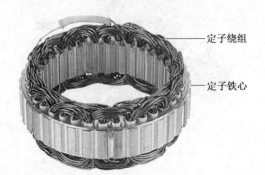

图 4-5 发电机定子

定子铁心由内圈带槽、互相绝缘的硅钢片叠成。

定子绕组有 3 组线圈,对称地嵌放在定子铁心的槽中。三相绕组的连接有星形接法和三角形接法两种,如图 4-6(a)、(b)所示。

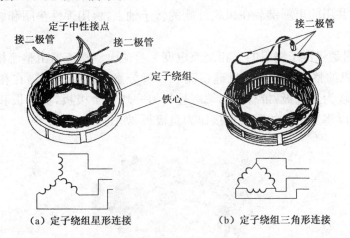

(a) 定子绕组星形连接　　　　(b) 定子绕组三角形连接

图 4-6 定子绕组的接线法

三相绕组必须按一定要求绕制,才能使之获得频率相同、幅值相等、相位互差 120°的三相电动势。

3）端盖

端盖的作用是支承转子,封闭内部结构,方便安装与调整 V 带松紧度。它由铝合金铸造,采用铝合金最主要的目的是为了防止漏磁,同时又可减少发电机质量,且散热性能好。

端盖有前后之分。前端盖铸有安装臂、调整臂与出风口,后端盖铸有安装臂与进风口。在后端盖内装有电刷与电刷架。整流器则装于后端盖内侧或外侧上。

4）电刷与电刷架

电刷的作用是与滑环接触,将直流电引入励磁绕组。电刷由石墨制造。电刷架内装电刷和弹簧,利用弹簧弹力使电刷与滑环接触紧密。电刷架多用酚醛玻璃纤维塑料制成,电刷、电刷弹簧、电刷架以及电压调节器构成一个组合体,称为电刷电压调节器组件,如图4-7所示。

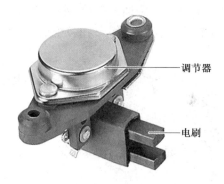

图 4-7 调节器电刷组件

5）风扇

风扇的作用是在发电机工作时强制进行抽风冷却。它一般用 1.5 mm 钢板冲制卷角而成,用半圆键安装在前端盖外侧的转轴上。

6）带轮

带轮通过 V 带将发动机的转矩传给转子。带轮通常用铝合金或铸铁铸造,分单槽与双槽两种,利用与风扇共用的半圆键装在风扇外侧的转子轴上,再用弹性垫圈和螺母紧固。

7）整流器

整流器的功用是将定子绕组的三相交流电变为直流电。整流器由整流板和整流二极管组成,6 管交流发电机的整流器是由 6 只硅整流二极管分别压装(或焊装)在相互绝缘的两块板上组成的,其中一块为正极板(带有输出端螺栓),另一块为负极板,负极板和发电机外壳直接相连(搭铁),也可以将发电机的后盖直接作为负极板,如图4-8所示。

图 4-8 硅二极管整流器

6 只整流二极管分为正极管和负极管两种。引出电极为正极的称为正极管,3 只正极管装在同一块板上,称为正极板;引出电极为负极的称为负极管,3 只负极管安装在负极板上,也可直接安装在后盖上,如图4-9所示。

汽车用硅整流二极管是专用的,有如下特点:

(1) 允许的工作电流大,如 ZQ50 型二极管的正向平均电流为 50 A,浪涌电流为 600 A。

(2) 承受反向电压的能力高,可承受的反向重复峰值电压在 270 V 左右,反向不重复峰值电压在 300 V 左右。

（3）只有一根引线(引出电极)。

（4）根据引出电极的不同分为正二极管和负二极管。

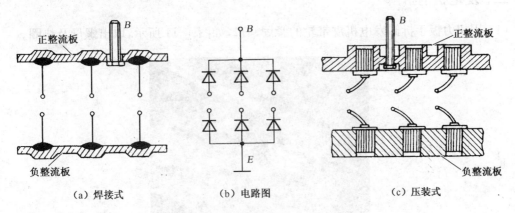

图 4-9　交流发电机整流二极管安装示意图

技能操作

一、汽车交流发电机的基本结构

常见汽车交流发电机的基本结构基本相同，如图 4-10 所示。

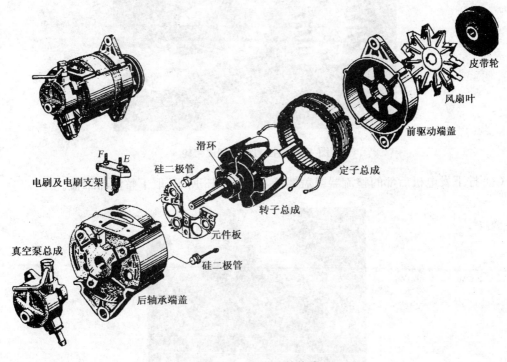

图 4-10　发电机的构成

主要由三相同步交流发电机、硅二极管整流器和电压调节器三部分构成。三相同步交流发电机的作用是产生三相交流电。它主要由转子、定子、前后端盖、风扇及皮带轮等组成。

二、发电机的拆解

(1) 用扭力扳手拆卸发电机皮带轮的紧固螺母,如图 4-11 所示,取出螺母及垫圈。

图 4-11 拆卸发电机皮带轮紧固螺母

(2) 用拉力器拉出发电机皮带轮,如图 4-12 所示。

图 4-12 拉力器拆卸皮带轮

(3) 拧下发电机后部的整流器罩盖螺栓,如图 4-13 所示,取下整流器罩盖。

图 4-13 拆卸整流器罩盖

（4）拧下前、后端盖之间的紧固螺栓，用橡胶锤轻轻敲击转子轴，取出前端盖，如图 4-14 所示。

图 4-14　取出前端盖

（5）取出止推垫圈和风扇叶轮，如图 4-15 所示。

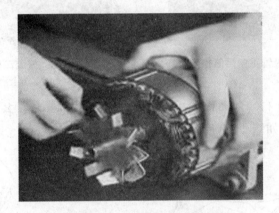

图 4-15　取出风扇叶轮

（6）取出发电机转子绕组，如图 4-16 所示。

图 4-16　取出转子总成

三、发电机的检测

1) 二极管整流器的检查

将万用表的两测试棒接于二极管的两极测其电阻,再反接测一次,若二极管的正向电阻在 580Ω 左右(见图 4-17),反向电阻应为无穷大(见图 4-18),则说明二极管良好。若两次测量阻值均为∞,则为断路;若两次测得阻值均为 0,则为短路。

对焊接式整流二极管来说,只要有一只二极管损坏,则需更换该二极管所在的正或负整流板总成;若为压装结构,则只需更换故障二极管即可。

图 4-17 整流二极管正向阻值检查

图 4-18 整流二极管反向阻值检查

2) 转子的检查

(1) 用万用表 R×1 挡检测两集电环之间电阻,应与标准相符。若阻值为"∞",说明断路;若阻值过小,说明短路,如图 4-19 所示。

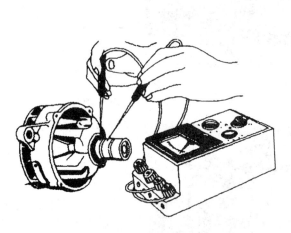

图 4-19 集电环的电阻检查

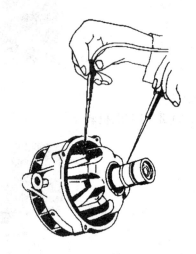

图 4-20 集电环与铁心的电阻检查

(2) 如图 4-20 所示,用万用表电阻最大挡检测集电环与铁心(或转子轴)之间的电阻,应为"∞",否则为搭铁。滑环与磁极之间的电阻应为无穷大。

3) 定子绕组的检修

(1) 定子绕组断路检修

如图 4-21 所示,用万用表 R×1 挡检测定子绕组 3 个接线端,两两相测,阻值应小于 1Ω,

若阻值为∞,说明断路。断路故障应用电烙铁焊接修复,若不能修复,应更换定子绕组或定子总成。

(2) 定子绕组搭铁检修

用万用表电阻最大挡检测定子绕组接线端与定子铁心间的电阻,应为∞,否则说明有搭铁故障。有搭铁故障应更换定子绕组或定子总成。

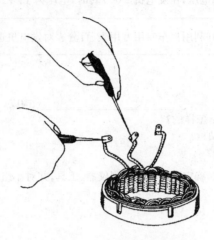

图 4-21　定子绕组断路检修

四、发电机的装复

(1) 在装复前,首先用细砂纸打磨集电环,去除氧化层。
(2) 在轴承外圈和轴承座上涂抹适量润滑油。如图 4-22 所示。

图 4-22　轴承上涂抹润滑油

(3) 装入转子,并用橡皮锤敲击,保证安装到位。
(4) 将碳刷压入,注意碳刷应与集电环对正,固定碳刷调节器总成。
(5) 安装后端盖,拧紧紧固螺丝。
(6) 依次装上风扇、止推垫圈和后端盖。注意安装时后端盖轴承需要涂抹润滑油。
(7) 装入皮带轮、垫片,用扭力扳手拧紧螺母。
(8) 安装完成后,转动发动机皮带轮,转子转动平顺,无摩擦及碰击声。

实训任务工单

任务名称	发电机不发电故障检修与修复	计划学时	
客户任务	桑塔纳2000轿车汽车行驶中,突然发现充电指示灯亮了,停车起动后充电指示灯仍然亮,检查发电机输出端电压,在发电机2 000转时,电压为12 V,怀疑发电机不发电		
任务目的	制定工作计划,并利用汽车专用万用表、百分表对发电机进行检测,确定故障,维修或更换		

一、理论知识准备

1. 普通交流发电机由_____、_____、_____、_____构成。
2. 转子与定子的位置关系是怎样的?
3. 如何测量转子的径向跳动量?

二、计划

请根据故障现象和任务要求,确定所需要的检测仪器、工具,并对小组成员进行合理分工,制定详细的诊断和修复计划。

1. 需要的检测仪器、工具。
2. 小组成员分工。
3. 诊断和修复计划。

三、实施

1. 发电机的拆解步骤描述:
(1) 用_____拆卸发电机皮带轮的紧固螺母,取出发电机转子绕组。
(2) 用_____取下发电机皮带轮。
(3) 拧下发电机后部的整流器罩盖螺栓,取下整流器罩盖。
(4) 拧下前后端盖之间的紧固螺栓,_____,取出前端盖。
(5) 取出止推垫圈和风扇叶轮。
(6) 分解转子、定子。
2. 二极管整流器的检查结果:_____

3. 转子的检查:
集电环的电阻检查_____。
集电环与铁心的电阻检查_____。
4. 定子绕组的检修
定子绕组断路□
定子绕组搭铁□
5. 发电机装复

四、检查与总结

1. 检查发电机技术性能,听是否还有异响存在。
2. 通过检查分析,得出以下结论:

知识能力拓展

发电机的日常检查：

(1) 保证发电机调节器有良好的性能。定期检查和调整输出电压和电流，若发现工作状态异常或技术指标下降，应及时检查调整或更换，否则会导致发电机及用电设备损坏或早期老化。

(2) 保持发电机各部位的紧固。机械部分要运转灵活，以防发电机卡死或出现"扫膛"现象。各接柱导线连接要可靠，以免出现因接触不良而使发电机不能正常工作。

(3) 保持风扇皮带张紧度适当。过紧将造成发电机轴承磨损过度，过松将使发电量下降，不能向用电设备正常供应电能。

(4) 发电机要经常保持清洁，防止油污及杂物进入机内。

(5) 当发电机或调节器有故障并且不能及时排除时，应将接线拆下，防止蓄电池向发电机放电，造成发电机和蓄电池的损坏。

(6) 定期对发电机进行技术保养，使其保持良好的工作状态。

案例剖析

故障现象：发动机运行过程中，蓄电池易熔线烧断，发动机熄火。更换易熔线后，发动机无法起动。

故障分析与排除：首先用发动机故障诊断仪(博士通)检测，共显示出4个故障代码：

(1) 最高发动机转速超限。
(2) 发电机电压过高。
(3) 2号喷油器故障。
(4) 空调蒸发器温度传感器故障。

将故障码清除后再次读取故障码，无故障码输出。当起动发动机时，喷油器有动作声，但中央高压线无高压火。因喷油器有动作声，故霍尔传感器应工作正常，怀疑点火线圈损坏，更换新的后故障依旧。根据当前故障现象，发动机ECU存在问题的可能性较大，试更换ECU，发动机顺利起动，但不到1 min，蓄电池易熔线出现过热冒烟现象。由于打开点火开关(ON)时，蓄电池易熔线没有这种现象，只有发动机运转时才出现，因此怀疑发电机发电量过大。将发电机正极电源线和磁场线拆下，不让发电机工作，再次起动发动机，易熔线不再冒烟。更换发电机后，易熔线虽不再冒烟，但仍比其他同型号车的易熔线热。此时发电机发电量高，测量电压为13.99 V，在正常工作范围。会不会蓄电池本身也存在问题？试换好的蓄电池，发动机起动后，易熔线不热了，故障彻底排除。

经分析，由于原来的发电机发电量高，使蓄电池长期处于高负荷工作状态而损坏。发电机和蓄电池的不正常工作，使易熔线烧断。过高的电压直接冲击发动机ECU，使ECU内部损坏，导致发动机无法起动。

技能掌握

1. 发电机的构成。
2. 发电机的拆检内容是什么？
3. 发电机拆装的注意事项有哪些？

学习单元 5　充电指示灯常亮的故障检测与修复

学习目标

1. 掌握电压调节器的类型和工作原理。
2. 掌握充电指示灯常亮的故障排除。
3. 掌握发电机输出波形的分析方法。
4. 掌握电源电路的分析方法。

任务载体

奥迪轿车行驶中,充电指示灯一直亮(见图 5-1)。

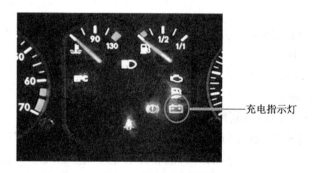

图 5-1　汽车仪表报警灯

相关知识

一、发电机的工作特性

1) 发电机的输出特性

交流发电机的输出特性又称负载或输出电流特性。它是指发电机向负载供电时,保持发电机输出电压恒定(对 12 V 的发电机规定为 14 V,对 24 V 的发电机规定为 28 V),即 U 为常数的情况下,发电机的输出电流与转速之间的关系,即 $I = f(n)$ 的函数关系。

如图 5-2 所示为交流发电机的输出特性曲线。从交流发电机的输出特性曲线 $I = f(n)$ 可以看出:

(1) 发电机的转速甚低时,其端电压低于额定电压,

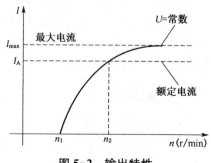

图 5-2　输出特性

此时发电机不能向外供电;当转速达到空载转速 n_1 时,电压达到额定值;当转速高于空载转速 n_1 时,发电机才有能力在额定电压下向外供电。所以空载转速值 n_1 常用作选择发电机与发动机速比的主要依据。

(2) 当转速超过 n_1 时,发电机输出电流将随着转速 n 的升高和电阻 R 的减小而增大;当转速等于 n_2 时,发电机输出额定功率(即额定电流与额定电压之积),故将转速 n_2 称为满载转速。

空载转速和满载转速是交流发电机的主要性能指标,在产品说明书中均有规定。在使用中,应定期测得这两个数据,与规定值相比较,就可判断发电机性能是否良好。

(3) 当发电机转速达到一定值时,发电机的输出电流就不再随转速的升高和负载电阻 R 的减小而增大。这时的电流值称为发电机的最大输出电流或限流值。这个性能表明,交流发电机具有自动限制电流的自我保护能力。交流发电机的最大输出电流约为额定电流的 1.5 倍。

交流发电机之所以能自我限制电流可作如下定性分析:

(1) 定子绕组具有一定的阻抗 z,它对通过定子绕组的交流电流起着阻碍作用。阻抗 z 是由绕组的电阻 r 和感抗 ωL 合成的,即

$$Z = \sqrt{r^2 + x_1^2}$$

其中: $x_1 = \omega L$
式中: ω—— 角速度, $\omega = 2\pi f$;
$\quad L$—— 一相定子绕组的电感。
所以

$$x_1 = 2\pi f L = 2\pi \frac{pn}{60} L = \frac{\pi}{30} pnL$$

式中: p——磁极对数;
$\quad n$——转子的转速。

由上式可知,感抗 x_1 与转速 n 成正比。高速时,由于绕组电阻 r 与感抗 z 相比可以忽略不计,因此可以认为定子绕组的阻抗与转速成正比。于是,转速越高,感抗 x_1 越大,即阻抗越大,阻碍交流电流的能力越强,可产生较大的内部电压降。

(2) 定子电流增加时,电枢反应增强,感应电动势也会下降。所谓电枢反应是指在发电机内部除磁极磁场外,还有电枢电流产生的磁场,即存在磁极磁场和电枢磁场。电枢磁场对磁极磁场的影响称作电枢反应。在交流发电机爪极转子旋转的磁场,定子是电枢,可产生电枢磁场。

综上所述,当发电机转速升高到使负载电流增加到一定数值后,如再提高转速,尽管定子绕组中的感应电动势增加,但因定子绕组的阻抗增大,内部电压降增大,再加上电枢反应引起的感应电动势下降,两者共同作用的结果,就使发电机的输出电流不再增加。因而交流发电机具有自身限制输出电流的作用。其限制电流值的大小与定子绕组的电感 L 有关,也就是与定子绕组的匝数等有关。因此采用交流发电机,可以不需另加电流限制器而具有自身限制电流的保护能力。

2）发电机的外特性

发电机的外特性是指转速一定时,发电机的端电压与输出电流的关系。即转速为常数时,$U = f(I)$ 的函数关系。经不同恒定转速的试验后,可输出一组相似外特性曲线,如图 5-3 所示。

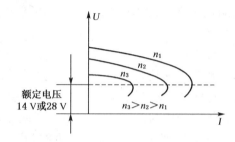

图 5-3　发电机外特性曲线

发电机的转速越高,端电压也越高,输出电流也越大。转速对电压的影响较大,当保持在任一转速时,端电压均随输出电流的增大而相应下降。由于端电压受转速和负载变化的影响,交流发电机必须配用电压调节器才能保持电压的恒定。否则,当发电机转速过高或突然失去负载,都会导致发电机输出电压过高而损坏用电设备。

3）空载特性

空载特性是指发电机空载时,发电机的端电压与转速之间的关系,即 $I = 0$ 时,$U = f(n)$ 的函数关系。如图 5-4 所示。

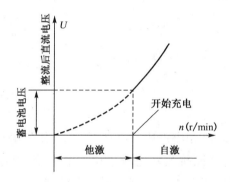

图 5-4　发电机空载特性曲线

从发电机空载特性曲线可以看出,随着转速的升高,端电压快速增大,通常发电机达到 1 000 r/min 时,电压可以达到将近 140 V。为保证发电机输出电压的稳定性,保证发电机在高速低速时都能满足需求,必须加装电压调节器。

二、发电机电压调节器

电压调节器是将发电机输出电压控制在规定范围内的装置,其功用是在发电机转速变化时自动控制发电机电压保持恒定,防止因发电机转速高时电压过高而烧坏用电器和导致蓄电池过充电的现象发生。

1) 电压调节器的调压原理

交流发电机由转子通过励磁绕组产生磁场,在旋转的过程中,引起定子线圈中磁通量的变化,从而产生感应电动势,交流发电机的三相绕组产生的相电动势有效值为

$$E_\varphi = C_e \Phi n$$

式中:C_e——发电机的结构常数;
　　n——转子转速;
　　Φ——转子的磁极磁通。

也就是说,交流发电机所产生的感应电动势与转子转速和磁极磁通成正比。

当转速 n 升高时,E_φ 增大,发电机输出端电压 U_B 升高。当转速升高到一定值时(空载转速以上),输出端电压达到限定值。要想使发电机的输出电压 U_B 不再随转速的升高而上升,只能通过减小磁通 Φ 实现。又因磁极磁通与励磁电流 I_f 成正比,所以减小磁通也就是减小励磁电流 I_f。

对于蓄电池电压为 12 V 的电气系统,电压调整容限为 14 V,而对于 24 V 的系统为 28 V 左右。只要交流发电机电压低于调压器的响应电压,调压器就不会工作。

在容限以内,如果电压超过规定值上限,调压器便断开励磁电流。励磁变弱,结果发电机电压下降。一旦电压低于规定下限,调压器就接通励磁电流,励磁增强,随之电压又上升。电压再超过上限时,控制循环又重复下去。由于控制循环时间为微秒级,交流发电机的平均电压就按照规定的特性调整。

在不同转速下不断变化的这种适应过程是自动的,励磁电流接通和断开时间两者的关系,对平均励磁电流大小有决定性的影响。在低转速时,接通时间相对长一些,断开时间则短一些,励磁电流只是瞬间中断,保持着高的平均值。反之,在高转速时,接通时间短,断开时间长,只有小的励磁电流在流动。

2) 电压调节器的类型

交流发电机电压调节器按工作原理可分为电磁式触点调节器和电子调节器两种基本类型。目前电磁式调压器已被淘汰,单片电路式或混合电路式调节器成为所用交流发电机的标准器件。

3) 电子式电压调节器的优点

(1) 开关时间短,允许有更小的控制容差。

(2) 不磨损,无需维护。

(3) 开关电流大,可以减少型号种类。

(4) 无开关火花发生,避免了无线电干扰。

(5) 对冲击振动和气候影响不敏感。

(6) 电子温度补偿使控制容差更小。

(7) 结构紧凑,可以直接装在交流发电机上,与发电机的尺寸无关。

4) 电子式电压调节器的基本原理

电子调节器有晶体管混合电路式调节器和单片集成电路式调节器两种。电子调节器的基本电路如图 5-5 所示。

电子调节器的基本电路由 3 只电阻 R_1、R_2、R_3,2 只三极管 VT_1、VT_2,1 只稳压二极管 VS

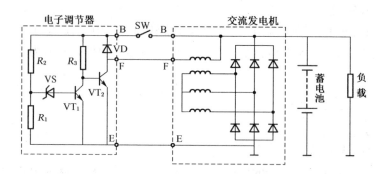

图 5-5　晶体管电压调节器电路

和 1 只二极管 VD 组成。电阻 R_1 和 R_2 串联组成一个分压器,接在发电机输出端 B+ 与搭铁端 E 之间,直接监测发电机的输出电压 U_B,分压电阻 R_1 两端的电压 U_{R_1} 为

$$U_{R_1} = \frac{R_1}{R_1+R_2}U_B$$

由上式可见,当发电机电压 U_B 升高时,分压电阻 R_1 上的电压 U_{R_1} 也升高,反之 U_B 下降,U_{R_1} 也下降。也就是说电阻 R_1 两端的电压 U_{R_1} 可完全反映发电机输出电压的变化。

电阻既是 VT_1 的分压电阻,又是 VT_2 的偏流电阻。

VT_2 为大功率三极管(NPN 型),和发电机的励磁绕组串联,工作在开关状态,用来接通与切断发电机的励磁电路。

VT_1 为小功率三极管(NPN 型),用来放大控制信号。

稳压管 VS 是感受组件,串联在 VT_1 的基极电路中,并通过 VT_1 的发射结并联于分压器电阻 R_1 的两端,以感受发电机输出电压 U_B 的变化。

当发电机输出电压升高到调节电压上限 2% 时,分压电阻 R_1 两端的电压 U_{R_1} 加在稳压管 VS 和 VT_1 的基极上,恰好能使稳压管 VS 反向击穿,为 VT_1 提供基极电流,使 VT_1 导通,即

$$U_{R_1} = \frac{R_1}{R_1+R_2}U_B = U_{VS} + U_{BC_1}$$

上式为稳压管 VS、三极管 VT_1 的导通条件。

当发电机输出电压 U_B 下降到调节电压下限 U_{B_1} 时,U_{R_1} 不能使稳压管 VS 反向击穿,而使 VT_1 无基极电流而截止,即

$$U_{R_1} < U_{VD} + U_{BC_1}$$

上式为稳压管 VS、三极管 VT_1 的截止条件。

VD 是续流二极管,励磁绕组由接通变为断开状态时,产生的自感电动势(F 端高电位,B 端低电位)经二极管 VD 构成放电回路,防止三极管 VT_2 被击穿损坏。

点火开关 S 刚接通时,发动机不转,发电机不发电,蓄电池电压加在分压器 R_1、R_2 上,此时因 U_{R_1} 较低不能使稳压管 VS 反向击穿,VT_1 截止,使得 VT_2 导通,发电机磁场电路接通,此时由蓄电池供给磁场电流,通路为:蓄电池正极—发电机励磁绕组—调节器 F 接柱—三极管 VT2—调节器 E 接柱—搭铁—蓄电池负极。

随着发动机的起动,发电机转速升高,发电机他励发电,电压上升。当发电机电压升高到大于蓄电池电压时(发电机转速在 900 r/min 左右时),发电机自励发电并开始对外蓄电池充电,如果此时发电机输出电压小于调节器调节上限 U_{B_2},VT_1 继续截止,VT_2 继续导通,但此时的磁场电流由发电机供给,通路为:发电机正极—励磁绕组—调节器 F 接柱—三极管 VT_2—调节器 E—搭铁—发电机负极。

由于磁场电路一直导通,发电机电压随转速升高而迅速升高。当发电机电压升高到等于调节上限 U_{B_2} 时,调节器对电压的调节开始。此时电阻 R_1、R_2 上的分压 $U_{R_1} = U_{VS} + U_{BC_1}$。VS 导通,$VT_1$ 导通,VT_2 截止,发电机磁场电路被切断。由于磁场被断路,磁通下降,发电机输出电压下降。

当发电机电压下降到等于调节下限 U_m 时,电阻 R_1、R_2 分压减小,$U_{R_1} < U_{VS} + U_{BC_1}$,VS 截止,$VT_1$ 截止,VT_2 重新导通,磁场电路重新被接通,发电机电压上升。

发电机电压上升到调节上限 U_{B_2} 时,VT_2 就截止,磁场电路被切断,发电机输出电压 U_B 下降;发电机电压降到等于调节下限 U_{B_1} 时,磁场电路被接通,发电机输出电压 U_B 上升。周而复始,发电机输出电压被控制在一定范围内。这就是外搭铁型电子调节器的工作原理。

实际上,对于电子调节器来说,由于三极管 VT_2 的状态转换(导通和截止)频率很高,所以发电机的输出电压波动非常小,再加上电容的滤波,所以发电机的输出电压很稳定。

5) 混合电路调压器

晶体管混合电路技术的调压器由一个密封的外壳(其中封有一个陶瓷基片)、厚膜保护电阻和相联的集成电路构成,实现了所有控制功能。驱动级的功率部件(达林顿晶体管和导流二极管)直接焊在金属插座上,以确保散热良好。电气连接通过金属插针,用玻璃绝缘。

调压器安装在特制的碳刷架上,直接压紧在交流发电机上,不用连线。功率级的达林顿电路(采用复合连接方式,将两只三极管适当地连接在一起,以组成一只等效的新的三极管,极性只认前面的三极管)在电流流动方向有一个 1.5 V 左右的压降。

混合电路调压器的优点综述如下:

(1) 结构紧凑,质量轻,只有很少的部件和连线,如图 5-6 所示。

图 5-6 混合电路调节器

(2) 在发动机罩内的严酷条件下有很高的可靠性。通常,使用常规二极管的混合电路调压器,用于紧凑二极管总成交流发电机上。

6) 单片电路调压器

单片电路调压器从混合电路调压器发展而来。混合电路调压器集成电路、功率级和导流二极管的功能都集成在一个单片电路内。单片调压器用的是双极性电路技术。

紧凑的结构加上少量的元器件和连接线路,使可靠性进一步增加。由于输出级由单一的功率级构成,所以电流方向的压降只有 0.5 V。

紧凑型交流发电机中使用的是单片调压器及齐纳二极管(稳压二极管)。

7) 多功能调压器

多功能调压器除调整电压外,还能点亮一只发光二极管,取代充电指示灯,并能触发一个故障显示器,可指示电压过低、V形传动皮带断裂或励磁中断。

当一个负载接入车辆电气系统时,交流发电机的励磁电流沿一个斜坡缓慢变化以避免传动皮带发生扭矩突变,否则会影响发动机怠速的均匀性。

调压器的通断比可从DFM端子取得。通断比可以判定交流发电机的负载情况,以选择电路。例如在交流发电机必须满功率输出时,可以让优先级低的负载断开。端子 L 是为最大触发电流为 0.5 A 的继电器而设计的。用发光二极管显示器能减少功耗。多功能调压器可以点燃仪表组合中的灯泡及发光二极管显示器。

技能操作

一、电源线路的认识

奥迪轿车使用JFZ1906发电机,如图5-7所示。

JFZ1906

规格:14V 90A
适用车型:桑塔纳、捷达、奥迪100

图 5-7 奥迪轿车发电机

图 5-8 为奥迪轿车的电源电路图,由图可以看出其使用内装式集成电路调节器的整体式交流发电机。三相定子绕组采用星形连接。十一管整流电路。具体分析如下:

电源电路主要由蓄电池、点火开关、充电指示灯、隔离二极管、整体式发电机组成。如果发电机不工作,发电机的输出电动势为 0,此时有蓄电池为充电指示灯供电,从蓄电池的正极→点火开关→保险丝→充电指示灯→隔离二极管→D点进入发电机→磁场线圈(或称励磁绕组)→电压调节器→搭铁到蓄电池负极构成回路,充电指示灯亮,励磁绕组由蓄电池供电,此励磁工况称为他励。如果发电机开始工作,输出点 B+电动势随发电机转速的提高不断提高,VD_7、VD_8、VD_9 分别连接定子的三相绕组,其输出电动势等于 B+电动势,当发电机输出电动势大于蓄电池电动势时,图中 B+端子和 D 端子的电动势相等,充电指示灯熄灭。其实在发电机输出电压接近蓄电池电压时充电指示灯已经熄灭,只不过时间很短,我们可以认为当发电机电压大于蓄电池电压时充电指示灯熄灭。此时发电机通过 VD_7、VD_8、VD_9 直接为励磁绕组供电,此励磁工况称为自励。

充电指示灯亮则说明蓄电池为用电设备供电,充电指示灯灭说明发电机为用电设备供电,包括为蓄电池充电。如果发动机在 800 转以上,充电指示灯仍然亮,说明发电机可能存在故障。如果在行车中突然出现充电指示灯常亮,应立即到就近维修厂维修。因为充电指示灯常亮,很可能是发电机不发电或供电不足。汽车在行车的过程中汽车电脑、传感器、火花塞、喷油器、油泵等必须工作,靠蓄电池的电量维持不了多久,而且蓄电池的深度放电对蓄电池的性能和使用寿命都有影响。

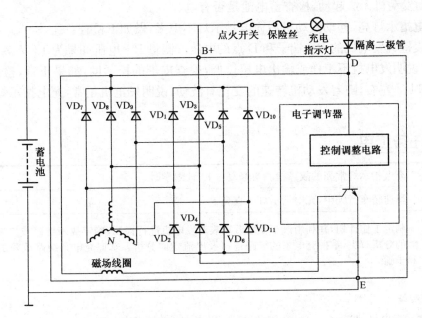

图 5-8 奥迪轿车发电机电源电路

二、充电指示灯故障检测

奥迪轿车使用整体式发电机,壳体直接搭铁,发电机后端盖上有两个接线端子,分别为 B+和 D,由电路图我们可以看到 B+为发电机的输出端子,D 接仪表中充电指示灯。在其他发电机上可能会见到其他标示,先将常见的标示总结见表 5-1。

表 5-1 标示总结

B+、+、BAT	发电机正极输出正极
E	搭铁(发电机、蓄电池负极)
D+	接充电指示灯及励磁电路

续表 5-1

N	称为中性点,连接星形连接的三相绕组的接点上,输出电动势为发电机输出电动势的 1/2,早期的发电机 N 点接到充电指示灯,现在八管或十一管的整流器发电机利用中性点瞬时电压为三相基波电压整流得到的直流分量和三次谐波交流分量的叠加,为用电设备供电,输出电流可以提高 10%~15%
P、W	接定子三相绕组中的其中一相,一般接电脑或转速表
F	在外置的调节器上连接调节器和励磁绕组

打开点火开关,如果充电指示灯不亮可做以下检查:

(1) 试起动发动机,如果发动机起动正常,熄灭发动机,将 D 端子直接搭铁,充电指示灯亮,可能为 D 点接触不良或发电机内部故障,如果充电指示灯不亮,检查保险。

(2) 起动发动机无法起动,检查蓄电池是否有电。

如果充电指示灯亮,起动发动机后充电指示灯不熄灭,做如下检查:

用万用表检查发电机的 B+ 端子和 D 点的电压。测量 B+ 电压如果为 12 V 多,加油门电压没有变化,说明发电机不工作或输出电压过低,检查皮带的松紧度,如果正常,检修发电机。如果电压在 14 V 左右,随着发动机转速的变化有波动,说明发电机正常,充电指示灯电路中有短路现象。

实训任务工单

任务名称	充电指示灯常亮的故障检测与修复	计划学时	
客户任务	奥迪轿车行驶中,充电指示灯一直亮		
任务目的	制定工作计划,并利用汽车专用万用表对发电机进行检测,确定故障维修或更换。通过故障的分析解决,掌握充电系的线路连接及电流走向分析。掌握充电系线路故障的检测方法和步骤		

一、理论知识准备

1. 充电系由发电机、调节器、_____、_____及点火开关等组成。
2. 充电指示灯_____时候熄灭。
3. 奥迪轿车充电电路特点?
4. 整流器的功用是什么?
5. 交流发电机如何励磁?
6. 简述交流发电机整流原理。

二、计划

请根据故障现象和任务要求,确定所需要的检测仪器、工具,并对小组成员进行合理分工,制定详细的诊断和修复计划。

1. 需要的检测仪器、工具。
2. 小组成员分工。
3. 诊断和修复计划。

三、实施

1. 充电系线路分析。
2. 奥迪充电电路分析。

续表 5-1

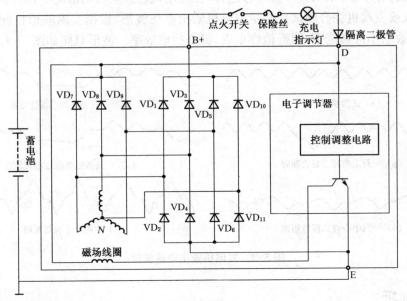

3. 充电系线路检测
(1) 励磁线路(在点火开关 ON 时逐点检测);
(2) 充电线路(在点火开关 OFF 时逐点检测,注意在拆下连接电枢的导线时应先断开蓄电池的火线或搭铁线,防止大电流搭铁而烧线)。
4. 通过对上述检查结果分析,得出结论并提出解决方案:

四、检查与总结
1. 检查充电指示灯在各种状态下的工作情况。
2. 通过故障的诊断总结如下:

知识能力拓展

　　发电机是汽车电气系统的主要电源,使用过程中可能发生不发电、输出电压过低、输出电压过高和输出电压不稳等故障。输出电压过低(发动机中高速运转时充电指示灯不灭)现象是最为常见的故障之一,而且通常是不发电故障的前兆,其故障原因主要有发电机皮带张紧力过小、电压调节器故障、发电机内部二极管故障、激磁绕组部分短路、三相绕组故障和导线连接不良。发电机发生故障时,目前常用电压数值测量法和试灯法进行测量分析,其测量的是输出电压的有效值,难以分析输出电压的动态情况,只能评价发电机的总体技术状况,不能确定故障的部位和原因。就车人工经验诊断可确定发电机皮带张紧力过小和外部导线连接不良故障,但对发电机内部故障难以诊断。整体式十一管交流发电机内部结构复杂,解体检修前不进行故障诊断,则检修工作量较大。为提高检修效率,可采用发电机就车电压波形诊断法。
　　发电机电压波形诊断法的原理:根据三相交流同步发电机发电和桥式全波整流原理,结构和性能参数正常的发电机工作时,其输出电压波形具有一定的规律,当结构和性能参数发生改变(产生故障)时,其输出电压的波形就会发生变化,且波形变化的形式与故障部位和原因具有良好的对应关系,因此,将实测电压波形与标准波形相比较,就可判断故障部位与原因。

实际检修过程中,可采用就车诊断方法,即在发动机怠速运转的情况下,用汽车示波器、汽车故障检测仪或发动机综合测试仪测量发电机输出电压波形,根据实测波形特征确定故障部位和原因,有效缩小检修范围,明确检修重点,提高检修效率。波形对照如图5-9。

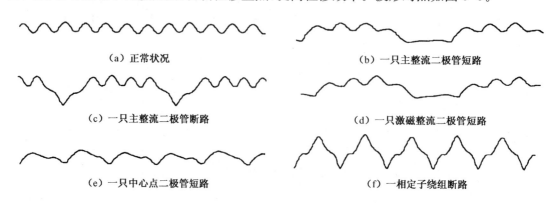

图5-9 发电机输出电压波形

案例剖析

故障现象:汽车因时常无电被检修。

故障分析与排除:根据客户介绍,笔者认为故障点在充电系,需检查发动机的工作情况。首先打开点火开关,看到发电机指示灯亮。反复测试发现,发电机指示灯有时不亮。在灯不亮时拔下发电机D+线插头,将其搭铁,此时发电机指示灯点亮。

根据经验,发现大众车上装用的发电机调节器容易损坏,怀疑发电机内部调节器有故障,建议车主更换。但换装原厂件后,原来的毛病依然存在,继续检查。

检查发电机与车身及电瓶搭铁良好,在检查D+线路过程中发现在发电机处D+线搭铁的情况下,发电机指示灯有时不亮,有时亮;测组合仪表到发电机之间的D+线正常,看来故障在仪表总线上。

解体组合仪表,检查发电机指示灯的二极管没有故障。但检查过程中触动组合仪表的线路板就会出现上述故障现象。仔细检查线路板,没有发现接触不良。再现故障征兆时发现在按动组合仪表线束插头处时,故障现象特别明显。于是再次拆下仪表线路板,仔细检查组合仪表线束插头处的焊点,用手按动使其变形,这回看到此处的焊点已裂开,用电烙铁重新处理后故障完全排除。

技能掌握

1. 电源电路的连接方法。
2. 充电指示灯的故障分析。
3. 如何通过示波器分析发电机的故障?

学习单元 6　起动机的更换

发动机是汽车的动力源。多数汽车装备汽油或柴油的四冲程往复式内燃机作为发动机，四冲程往复式内燃机在工作中靠惯性保持循环的继续，在起动时这个工作循环必须依靠外力来完成，而提供这个外力的就是起动机，起动机是一个由蓄电池带动的电动机。起动时通过齿轮驱动发动机旋转，帮助发动机完成工作循环。起动机通常安装在发动机的后端靠近飞轮的位置，如图6-1所示。

图 6-1　起动机的安装位置

学习目标

1. 掌握起动机的选配。
2. 掌握起动机的更换。
3. 掌握起动机的工作原理。

任务载体

一辆桑塔纳2000型轿车，用起动机起动发动机时，点火开关转到起动挡后，能听到吸动触点的"咔嗒"声，但起动机无反应。

相关知识

起动机驱动发动机依靠起动机上的小齿轮和飞轮齿圈啮合完成动力的传递。轿车发动机飞轮齿圈齿数约130个。在手动变速器的汽车上齿圈套在发动机的飞轮上，在自动变速器的汽车上齿圈通常套在液力变矩器的壳体上。起动机小齿轮约为10个齿。在静止状态，小齿轮离开齿圈几毫米轴向距离，如图6-2所示。驾驶员旋转点火钥匙，起动机小齿轮和齿圈啮合。

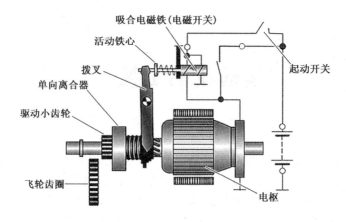

图 6-2 起动机静止状态

一、起动机的工作过程

1)啮合

点火钥匙在起动位置接通起动电路并控制电磁开关。电磁开关的线圈吸引电磁铁(衔铁)并通过啮合杆推动起动机小齿轮向齿圈方向轴向移动。

在理想情况下,小齿轮的齿直接插入齿圈的齿槽中,起动机和发动机啮合(见图 6-3)。小齿轮接近行程终点,起动机的主电路接通,小齿轮开始转动并带动发动机飞轮齿圈转动。

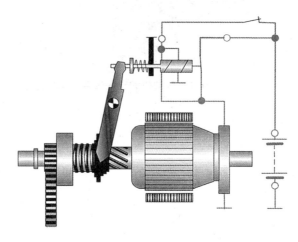

图 6-3 起动机与齿圈啮合状态

小齿轮与齿圈的理想啮合情况在实际中是不常见的。因为两齿啮合的齿侧间隙约为 0.4 mm,无冲击啮合的概率很小,大约 70% 的起动过程是在冲击的状态下进行的。当小齿轮的齿碰在齿圈的齿上,小齿轮不能继续轴向移动,小齿轮与齿圈无法啮合。这时电磁开关衔铁被继续拉动并通过啮合杆压缩啮合弹簧,使小齿轮齿压在齿圈齿上的压紧力增加,如图 6-4 所示。

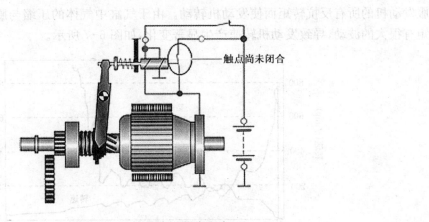

图 6-4　小齿轮齿压紧齿圈齿

起动机通过吸拉线圈给电机供电,小齿轮开始低速旋转,至能与齿圈啮合的有利位置,小齿轮与齿圈间的预压紧力使小齿轮快速插入齿圈齿槽内,待到小齿轮行程终点,电磁开关的衔铁通过活动触头将起动机的主电路接通(见图 6-5),驱动发动机旋转。

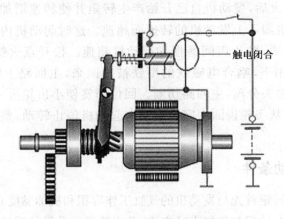

图 6-5　小齿轮转动结合齿圈

在大多数起动机上还有螺旋花键以帮助小齿轮与齿圈的啮合,如图 6-6 所示。螺旋花键是从电磁啮合式起动机上派生出来的,它有两个作用:
(1) 在啮合前使小齿轮沿驱动方向有少许旋转以易于与齿圈啮合。
(2) 在起动机转动时,根据螺旋原理将小齿轮压向齿圈。

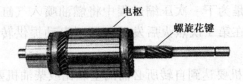

图 6-6　起动机电枢

2) 转动

起动机转动时,由于小齿轮与齿圈间存在很大减速比,使发动机曲轴获得很大的转矩以克服发动机的所有反抗转矩而使发动机转动。由于气缸中气体的压缩与膨胀,发动机所需的转矩有很大的波动,导致发动机转速产生显著变化,如图6-7所示。

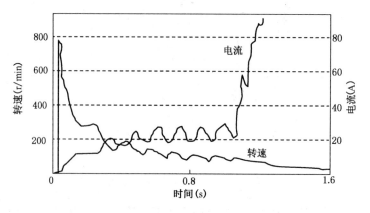

图 6-7 起动过程电流转速关系曲线

3) 起动和超速

在第1次喷油和点火后,发动机自己开始产生转矩并使转速增加。在几次点火后发动机很快加速,以致起动机跟不上发动机的转速而超速。这时起动机内的超越离合器使起动机的小齿轮与驱动轴分离,防止齿间磨损和起动机超速。松开点火钥匙,电磁开关的电路断开,在回位弹簧的作用下,啮合电磁铁的衔铁被推回来,主回路上的活动触头也跟着移动,使活动触头与固定触头分离,主回路切断。回位弹簧使小齿轮进一步从啮合状态移出,并在螺旋花键的作用下从飞轮齿圈中完全退出。起动机停止转动,整个啮合机构回到静止状态。

二、发动机的起动条件

转动发动机所需的转矩首先与发动机的气缸工作容积和机油黏度有关,也与发动机类型、发动机的气缸数、压缩比、冲程与气缸直径之比、动力装置运动件的质量、支承方式以及附加的拖动离合器、变速器和从动机组的负载有关。

在发动机停机状态起动发动机时,起动机先提供最大的转矩。随着转速增加,起动机的转矩不断减小。在起动过程开始时,起动机的过剩转矩先克服发动机各轴承处的静摩擦(也称起动摩擦)并加速到发动机自转,其转速必须高于发动机所需的最低起动转速。在电控燃油喷射发动机上,传感器检测的曲轴位置是在起动转速的两个转速中的第1个转速时的位置。该曲轴位置信号是为下一次压缩过程中将燃油喷入气缸内,从而可减少有害气体的排放和节省起动时间。在第1次点火后发动机即可自动提供转矩,但这不是在所有情况下都能实现的。

在不利的情况下,汽油机要达到自转所必需的空燃比或柴油机要达到自燃温度,起动机必须提供比发动机最低自转转速高的转速。

所要克服的摩擦阻力与机油的黏度,即和与此相关的发动机温度有很大关系。在低温时发动机的摩擦阻力最大,是发动机在热状态下摩擦阻力的2~3倍。为使柴油机缸内混合气能达到自燃发火时的温度和汽油机有足够浓的混合气,发动机所需的最低起动转速要随发动机温度,即外界空气温度的下降而提高。所以起动机在低温起动所需的功率要大于发动机在暖机起动时所需的功率。由于汽车蓄电池通常为铅蓄电池,供给起动机的电能在较低温度下只能是较低的电压或较小的电流。因为蓄电池内阻随着蓄电池温度的降低而明显增大,所以起动功率随之下降。

在低温时发动机对起动的高要求和起动功率的下降,使发动机能达到的起动转速随温度下降而降低。为此,起动时需超过某一温度,即起动极限温度才能保证发动机成功起动。

三、起动机的性能要求

(1) 能随时起动发动机。
(2) 在低温下保证足够的起动功率。
(3) 寿命长,保证足够多的起动次数。
(4) 能克服起动啮合、转动过程中的振动以及在发动机室内由于湿气、盐雾、脏污和温度变化等的不利影响。
(5) 质量轻,体积小,免维护。

技能操作

一、起动机的拆卸

不同的车型,发电机的安装位置、形式结构也不尽相同。基本的拆装方法介绍如下:
(1) 断开蓄电池接线。将护罩从电磁开关中向下推,如图6-8所示。

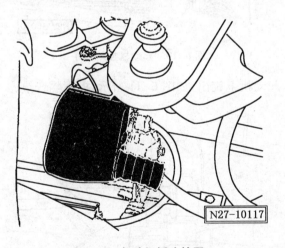

图6-8 起动机插头护罩

(2) 旋出正极导线1,然后拔下接线柱50端子2的插头连接,如图6-9所示。

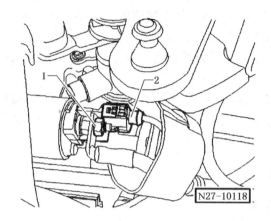

图 6-9 起动机插接端子

（3）将接地线从起动机固定螺栓（如图 6-10）沿箭头方向旋下。

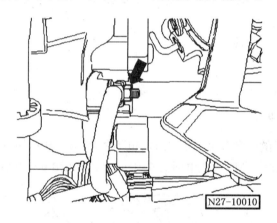

图 6-10 起动机接地端子

（4）将固定螺栓从起动机上旋出，如图 6-11 所示，拆下隔音垫。

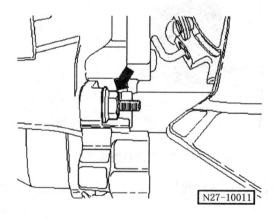

图 6-11 起动机固定螺栓

（5）从起动机下部固定螺栓上拧下螺母1，取下导线支架2，如图6-12所示。

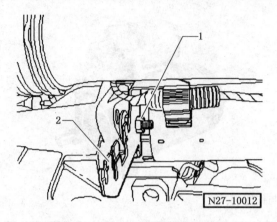

图6-12 起动机下部固定螺栓

（6）将固定螺栓从起动机上旋出，如图6-13所示箭头方向，取出起动机。

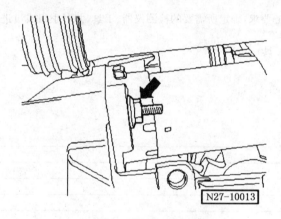

图6-13 起动机固定螺栓

二、起动机的安装

安装在原则上以拆卸的倒序进行，安装过程中要注意螺栓的拧紧力矩，通常起动机的紧固螺栓要求拧紧力矩在60~75 N/m，接线的固定螺栓要求拧紧力矩在10~15 N/m。

实训任务工单

任务名称	起动机总成的更换	计划学时	
客户任务	发动机无法起动，起动机声音发闷，明显感觉起动无力，打开汽车远光灯发现灯光昏暗，怀疑是蓄电池的电量不足。需要检查蓄电池的电量，检查分析蓄电池亏电的原因		
任务目的	制定工作计划，并利用汽车专用万用表起动系统进行检测，确定故障并修复		

一、理论知识准备

在下图中标出起动机的3个组成部分：

续表

描述各个部分的组成与作用：
1. _____
2. _____
3. _____

二、计划

请根据故障现象和任务要求，确定所需要的检测仪器、工具，并对小组成员进行合理分工，制定详细的诊断和修复计划。
1. 需要的检测仪器、工具。
2. 小组成员分工。
3. 诊断和修复计划。

三、实施

起动机的拆卸：
1. _____
2. _____
3. _____
4. _____
5. _____
6. _____

起动机的安装：
1. _____
2. _____
3. _____
4. _____

拆装过程中遇到的问题及解决办法：
_____
_____
_____
_____
_____

四、检查与总结

1. 安装完毕后打开点火开关，检查起动机是否正常起动。
2. 通过检查分析，对起动机的性能做出以下结论：
_____
_____

知识能力拓展

根据 QC/T 73—1993《汽车电气设备产品型号编制方法》规定,国产起动机的型号表示如下:

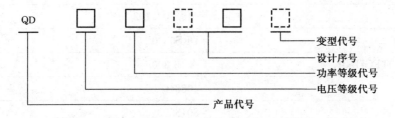

说明:
(1) 产品代号:QD——起动机;QDJ——减速起动机;QDY——永磁起动机。
(2) 电压等级代号:"1"代表 12 V,"2"代表 24 V,见表 6-1。
(3) 功率等级代号:其含义见表 6-2。
(4) 设计代号:按产品设计先后顺序,以 1~2 位阿拉伯数字组成。
(5) 变型代号:在主要电器参数和基本结构不变的情况下,一般电器参数的变化和某些结构改变称为变型,以汉语拼音大写字母 A、B、C 等表示。

表 6-1 电压等级代号

代号	1	2	3	4	5	6
电压等级(V)	12	24	—			6

表 6-2 起动机功率等级代号

功率等级代号	1	2	3	4	5	6	7	8	9
功率(kW)	<1	1~2	2~3	3~4	4~5	5~6	6~7	7~8	>8

国标代号的局限性,和发电机一样,现在选用使用机型时,更多的使用 OE 号,可以更轻松地选配,例如 2000 年产奥迪 A3(8L1),起动机 OE 号为 02A 911 023 FX,就可以直接查询该起动机的相关参数、配备的车型及发电机型号,如图 6-14 所示。

奥迪 A3掀背/两厢车(8L1) 1996/09 - 2003/05							
车型	发动机	底盘	排量	功率	缸数	类型	年份
A3 (8L1) 1.8	APG	8L1	1781	92	4	Hatchback	96.09 -
A3 (8L1) 1.8 T	AUM	8L1	1781	110	4	Hatchback	96.12 -
A3 (8L1) 1.8 T quattro	ARX	8L1	1781	110	4	Hatchback	96.12 -

图 6-14 起动机相关信息

同时由 OE 号码,还可以通过对照表查询其他厂家该种起动机的代码信息,见表 6-3 所示,如果输入 BOSCH 号 0 986 016 300 查询,可以得到 OE 号 02A 911 023 FX 相同的结果。

表 6-3　OE 号码对照表

BOSCH	0 986 016 300
CONTIS	CNS016300
CV PSH	300.514.102
CV PSH	440.503.102
DELCO REMY	DRS6300
DELTA AUTOTECHNIK	A 16 300
FARCOM	103340
FRIESEN	8016300
HERTH+BUSS HEAVYPART	42016300
ISKRA	IS 0775
ISKRA	IS 9410
OE	02A 911 023 FX
OE	95VW 11000 AA
OE	02A 911 023 F
OE	02A 911 023 T
QUINTON HAZELL	8016300
VALEO	438206
VALEO	455672
VEMO	10-12-16300

案例剖析

故障现象：在使用中出现发动机不能起动故障。开始时主要是由于蓄电池电量不足或起动线路问题，使发动机无法起动，曾更换过蓄电池或对蓄电池进行充电，但效果不佳，有时根本就没有效果。

故障检查：根据故障现象，首先对供油系统进行了相应的检查。在使用输油泵进行排除油路空气时，高压油泵上的放油螺钉处有部分柴油溢出，但流量很小；向上提起输油泵的手油泵活塞时，感到有较大的向下吸力，压下手油泵活塞时阻力非常小，这说明油路有堵塞之处，且堵塞之处在输油泵与油箱之间。打开输油泵的进油管空心螺钉，发现油管内的金属滤网严重堵塞。清洗滤网后，油路供油正常。

在起动时发动机依然不能转动，只能偶尔听到起动机电磁开关有轻微的响声，同时发现驾驶室支撑杆与车架之间有打火现象。因为蓄电池的搭铁线在驾驶座的下方，说明驾驶室与车架之间搭铁不良。对搭铁线进行固定处理后，发动机仍然不能起动。再次进行起动试验时发现电流表放电电流很大且不稳定，有时放电电流在 20 A 左右，有时竟达到 30 A 或更大，这说明起动电路或起动机有不稳定的搭铁或短路故障，导致起动机无法运转。

故障分析：检查时首先将电磁开关上的起动线拆下，用金属棒将电磁开关上的两个大接线柱相连，起动机运转正常，这说明起动机本身没有问题，问题出在电磁开关或起动线上。检查起动线时未发现有搭铁或短路现象，故障的焦点便被集中在了电磁开关上。

故障排除：当打开电磁开关后发现两条电磁开关线圈引出线上的绝缘套均破裂，并且均向内合拢，导致电磁开关的活动触点与这两条线圈导线相接触，使电磁开关的吸拉线圈和保持线圈无电流通过或通过的电流减小，不能产生足够的电磁吸力，因而也就不能实现活动触点与两个固定触点的结合，从而无法使起动机运转。对电磁开关进行相应修理后，发动机不能起动的故障得以全面排除。

技能掌握

1. 起动机的更换。
2. 起动机的工作原理。
3. 起动机的编号认识。

学习单元 7　起动机起动无力故障检修

学习目标

1. 掌握起动机的结构原理。
2. 掌握起动机的拆检。
3. 掌握起动机的性能检测。

任务载体

大众桑塔纳轿车起动开始时有转动不均匀、不连续现象，有时能起动发动机。

相关知识

一、起动机的结构

起动机一般由直流电动机、驱动机构和电磁操纵机构三部分组成，如图 7-1 所示。

直流电动机：产生电磁转矩。

传动机构：在发动机起动时，使起动机小齿轮与飞轮齿圈啮合，将起动机转矩传给发动机飞轮，在发动机起动后，使起动机自动脱开飞轮齿圈。

电磁操纵机构：控制起动机的运转和传动机构的啮合与分离。

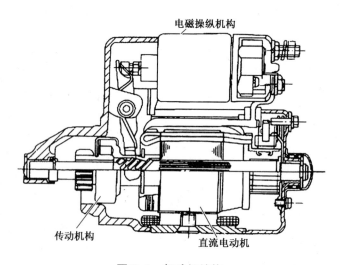

图 7-1　起动机结构

串励式直流电动机的结构主要由电枢(转子总成)、换向器、定子总成(磁极和机壳等)部件组成。如图 7-2 所示。

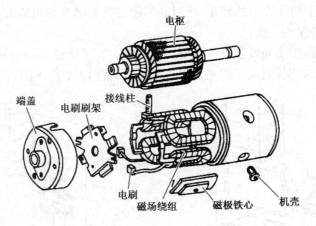

图 7-2 直流电动机的组成

发电机的外部壳体由薄钢板组成,它保护起动机内部免受外部影响。壳体也称磁极管,在管内有定子磁极,定子磁极用永久磁铁或用励磁绕组产生。目前起动机上用得最多的是 6 个磁极,即 6 个永久磁铁或 6 个励磁绕组,它们是交替放置的 N 极和 S 极。电枢绕组与磁场绕组串联的直流电动机称为串励式直流电动机。

(1) 电枢的结构

电枢由电枢轴、电枢铁心、电枢绕组和换向器组成,电枢的结构如图 7-3 所示,它的作用是产生电磁转矩。

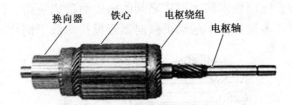

图 7-3 电枢的结构

电枢铁心由硅钢片叠压而成,借花键压装在电枢轴上。电枢绕组嵌装在铁心的槽内。为了得到较大的转矩,流经电枢绕组的电流很大,一般为 200～600 A,因此电枢组采用横截面积较大的矩形裸铜线绕制。为了防止裸铜线绕组间短路,在铜线与铜线之间、铜线与铁心之间用绝缘性能较好的绝缘纸隔开。铜线是按一定的绕组圈相互连接组成绕组,并与换向器的换向片焊在一起,以形成电枢绕组。通过碳刷向电枢供电,碳刷在换向器上滑动,可给各个换向片供电,使电流总是在一个方向在对应励磁的 N 极流入绕组,从对应励磁的 S 极的绕组流出。由于碳刷不断地从换向片到换向片滑动,从而使电流方向变换,因而称为换向。

通电的电枢绕组在定子磁场中会产生一个作用力,这个力是由电枢绕组电流中的带电粒子在磁场中运动而产生的,这个作用力遵循洛伦兹力定律①和左手定则②。如图7-4所示,电枢绕组电流方向为 a→b→c→d,产生一个顺时针的转矩。当转过180°后,如果电流方向仍然是 a→b→c→d,将产生相反方向的转矩,所以必须通过换向器改变电流方向以保证电枢绕组产生的电磁转矩的方向保持不变。

为形成电枢电路,在换向器上至少需要2个碳刷。在6个磁极的起动机上,在换向器圆周方向分布有多达6个碳刷,但从工程考虑以4个碳刷为佳,2个在正侧,2个在负侧。

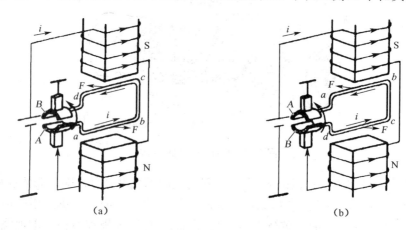

图7-4 直流电机工作原理

换向器由铜片和云母片相互叠压而成,压装在电枢轴的一端,云母片使铜片间、铜片与轴之间均绝缘。根据材质的不同,换向器铜片之间的云母片有低于铜片及与铜片平齐两种。云母片低于铜片主要是为了避免钢片磨损后云母片外突而造成电刷与换向器接触不良;云母片与铜片平齐则主要是防止电刷粉末落入铜片之间的槽中而造成短路。国产起动机换向器云母片一般不低于铜片。但许多进口汽车起动机换向器云母片却低于铜片,如图7-5所示。

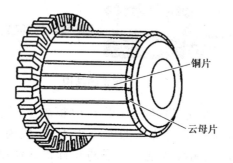

图7-5 换向器

---

① 洛伦兹力定律:在电动力学里,洛伦兹力(Lorentz Force)是运动于电磁场的带电粒子所受的力。根据洛伦兹定律,洛伦兹力可以用方程表示,称为洛伦兹力方程,表达为 $F = q(E+v \times B)$。式中,F 是洛伦兹力,q 是带电粒子的电荷量,E 是电场强度,v 是带电粒子的速度,B 是磁感应强度。洛伦兹力定律是一个基本公理,不是从别的理论推导出来的定律,而是由多次重复完成的实验所得到的同样的结果。

② 左手定则:感受到电场的作用,正电荷会朝着电场的方向加速;但是感受到磁场的作用,按照左手定则,正电荷会朝着垂直于速度 v 和磁场 B 的方向弯曲(详细地说,应用左手定则,当四指指向电流方向,磁感线穿过手心时,大拇指方向为洛伦兹力方向)。

(2) 定子磁极

磁极由铁心和励磁绕组构成,并通过螺钉固定在电动机壳体上。磁极的作用是产生磁场,一般采用 4 个磁极,为增大电磁转矩,大功率起动机采用 6 个磁极。励磁绕组也是用粗扁铜线绕制而成,与电枢绕组串联。4 个励磁绕组的连接方式有 2 种,一种是 4 个绕阻串联后再与电枢绕组串联,另一种是 2 个绕祖先串联后并联,然后再与电枢绕组串联。如图 7-6 所示。

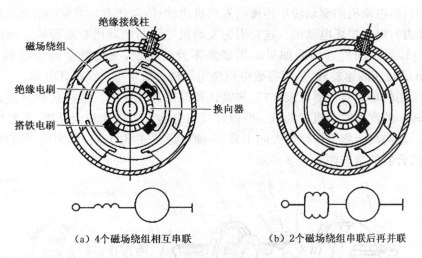

(a) 4 个磁场绕组相互串联　　(b) 2 个磁场绕组串联后再并联

图 7-6　励磁绕组的连接方式

(3) 电刷组

电刷组件的功用是将电源电压引入电枢绕组,主要由电刷、电刷架和电刷弹簧组成,如图 7-7 所示。电刷用铜粉与石墨粉压制而成,起动机电刷的含铜量为 80% 左右,石墨含量为 20% 左右。加入较多铜粉的目的是减小电阻,提高导电性能和耐磨性能。

图 7-7　电刷组件

电刷架固定在电刷端盖上,电刷安放在电刷架内。直接固定在端盖上的电刷架称为搭铁电刷架或负电刷架,安装在负电刷架中的电刷称为负电刷。用绝缘板将电刷架绝缘固定在电刷架盖上的电刷架称为绝缘电刷架或称正电刷架,安装在正电刷架上的电刷称为绝缘电刷或称正电刷。电刷弹簧压在电刷上,其作用是保证电刷与换向器接触良好。

(4) 轴承

起动机的工作时间很短,一般采用青铜石墨轴承或铁基含油滑动轴承。减速起动机由于电枢的转速较高,采用滚柱轴承或滚珠轴承。

二、传动装置

起动机的传动装置由单向离合器和拨叉组成。单向离合器的功用是单方向传递力矩,即起动发动机时,将电动机的驱动转矩传递给发动机曲轴(传递动力);当发动机起动后又能自动打滑(切断动力),以免损坏电动机。这是因为发动机飞轮与起动机驱动齿轮之间的传动比为1∶10～1∶15,当发动机起动后如果动力联系不及时切断,飞轮就会带动电枢以 8 000～15 000 r/min 的转速高速旋转,从而导致电枢绕组从铁心槽中甩出而损坏电枢。

起动机采用的单向离合器有滚柱式、弹簧式和摩擦片式 3 种。滚柱式和弹簧式离合器主要用于功率较小的汽油发动机起动机。摩擦片式离合器可以传递较大转矩,主要用于柴油发动机起动机。单向离合器工作原理大同小异,下面以滚柱式单向离合器为例介绍其结构原理。滚柱式单向离合器的结构如图 7-8 所示。

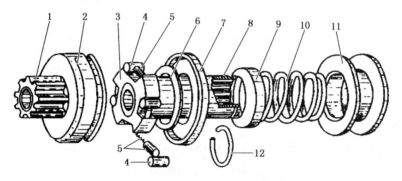

图 7-8 滚柱式单向离合器

1—驱动齿轮;2—单向离合器外壳;3—十字块;4—滚柱;5—滚柱与弹簧;
6—垫圈;7—护盖;8—花键套筒;9—弹簧座;10—缓冲弹簧;
11—移动衬套;12—卡簧

单向离合器外壳 2 与驱动齿轮 1 连为一体,离合器外壳和十字块装配后形成四个楔形槽,槽中有四个滚柱 4,滚柱的直径大于槽窄端又小于槽宽端,弹簧及滚柱 5 将滚柱推向槽窄端,使得滚柱与十字块及外壳表面有较小的摩擦力。十字块 3 与传动套筒刚性连接,传动套筒安装在电枢轴花键部位,使单向离合器总成可以轴向移动和随轴转动。

起动时,拨叉通过移动衬套推动单向离合器总成做轴向移动,使驱动齿轮啮入飞轮齿圈的同时,电枢轴通过花键带动传动套筒使十字块移动,十字块相对于外壳的转动使滚柱在小摩擦力的作用下滚向槽窄端而被卡紧,使得外壳随十字块一起转动,于是电枢的电磁转矩通过单向离合器传递给了驱动齿轮(见图 7-9)。发动机一旦发动,发动机飞轮带动驱动齿轮旋转,使离合器外壳的转速高于十字块,此时,滚柱滚向槽宽端而打滑,从而防止了发动机飞轮带动起动机电枢高速旋转而造成飞散事故。

滚柱式单向离合器结构简单紧凑,在中小功率的起动机上被广泛采用,如奥迪、捷达、丰田、桑塔纳等。但在传递较大转矩时,滚柱容易变形而卡死。因此,滚柱式单向离合器不适用于较大功率的起动机。

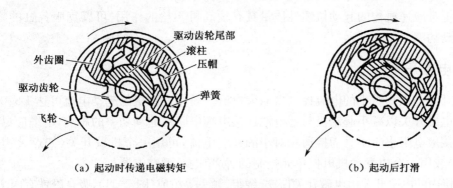

(a) 起动时传递电磁转矩　　　　　　(b) 起动后打滑

图 7-9　滚柱式单向离合器的工作原理

三、起动机减速机构

起动机减速机构通常使用行星齿轮组件（见图 7-10），在相同的起动转矩下，起动机转速可很高，而体积很小，所以起动机可以减轻 30%～40% 的重量。

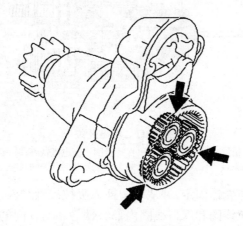

图 7-10　起动机减速机构

体积小的起动机可灵活地安装到发动机上，并可为安装其他部件节省空间。行星减速机构的优点是减速比大、结构紧凑、转矩传递大、噪声低和没有侧向力。在大功率时，电枢轴和驱动轴的支承只承受小的负荷。

起动机行星减速器的内齿圈是固定的。起动机通过固定在电枢轴上的太阳轮传递转矩。行星轮与太阳轮和内齿轮啮合，在行星轮做圆周运动时通过行星架驱动驱动轴。

轿车上起动机行星减速机构的行星轮材料为粉末冶金，内齿圈材料为玻璃纤维增强的聚酰胺。对温度、噪声和寿命有特殊要求的内齿圈材料则用粉末材料，并在中间轴承上用 3 个弹性橡胶元件支承。

起动机的行星减速机构和行星轮转架间的传动比从 3.3∶1 到 6∶1，以使起动机与发动机特性和汽车电气系统达到最好的匹配。低的减速比可得到高的发动机热起动转速；而高的减速比则适用于发动机在寒冷地区的冷起动，且电流消耗较少。

带减速机构的起动机的优点：利用电枢高速转动的惯性质量将发动机平稳地转动到活塞上止点，并使在喷油瞬时有比较高的转速，有利于喷油、起动和降低有害气的排放，在气缸数少的发动机上带减速机构的起动机惯性质量具有发动机飞轮的作用,可以克服各缸的峰值转矩和减小起动功率。

四、电磁开关

电磁开关是以相对小的电流控制接通大电流。轿车发动机的起动电流可达 1 500 A,为此必须使用电磁开关以减小起动机与蓄电池连接电缆电阻对起动功率的影响,电缆应尽可能短,连接处的接触电阻也应小。为接通相对小的控制电流,可用一个机械开关(如点火钥匙开关、起动按钮)或用一个由发动机电控单元控制的、简单的小型继电器。

起动机内的电磁开关由电磁开关衔铁、绕组、触头等组成(图 7-11),吸合磁铁有两个功能:
(1) 将起动机小齿轮推入发动机飞轮齿圈,使它们啮合。
(2) 活动触头和固定触头闭合,接通起动机主电路。

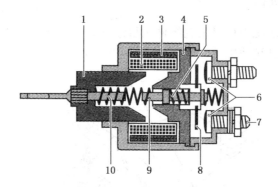

图 7-11 电磁开关

1—电磁铁衔铁;2—吸拉线圈;3—保持线圈;4—电磁铁心;5—触头弹簧;
6—固定触头;7—接线柱;8—活动触头;9—分开的开关轴;10—回位弹簧

起动机电磁开关铁心与壳体固定,并从一边插入吸拉线圈和保持线圈内部,电磁开关的活动衔铁则从另一边进入吸拉线圈和保持线圈内部。铁心和衔铁间的距离就是电磁开关的总行程。磁铁壳体、铁心和衔铁一起组成磁路。

在通电产生的磁力的作用下,活动衔铁被吸入绕组 2、3 内。这样一方面通过啮合杆推动起动机小齿轮向齿圈方向轴向移动,另一方面也使活动触头 8 压在主电路的固定触头上。

电磁开关大都有吸拉线圈 2 和保持线圈 3(见图 7-12),这种结构可承受高的热负荷和达

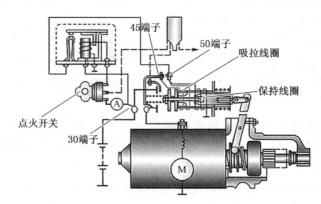

图 7-12 起动机结构

到最大的磁力,在电磁开关开始吸动时衔铁和铁心间的距离较大,需要大电流才能克服吸合阻力。在吸合过程中,它们间的距离,即空气间隙不断减少,磁力明显增大,待它们靠在一起时只有剩余的空气间隙。单独的保持线圈产生的磁力足以将活动的衔铁保持至起动过程结束。吸拉线圈被主电路触头和点火钥匙短路掉。在设计时两个绕组的匝数应当一样,否则当给两个绕组供电并通过端子45将它们反向串接会出现电磁开关的自保作用,匝数相等的绕组可保证两反向通电的绕组磁场相互抵消并切断电磁开关。

由于在接通起动机主电路时在汽车电气系统中产生很大的电压降,所以保持线圈的设计应在供电电压低于蓄电池电压一半时仍能保持衔铁位置,否则会引起电磁开关多次快速开启与闭合而损伤触头。

在断电后衔铁与铁心间的回位弹簧使活动触头与固定触头分开,电磁开关回到原始状态。电磁开关盖上有起动机的3个接线端子50、30和45。电磁铁盖是用优质的硬塑料制成,它具有好的耐温性,短时可达180℃,并有一定的承载能力以保证电磁开关的所有零部件可靠地组合在一起,还有一种能长时间耐温到180℃的特殊绕组,保证电磁开关在高温工作时的吸合。

轿车起动机主电路触头一般为钢螺钉或铆上紫铜触头,它有很好的开关性能和最小的接触电阻,商用汽车起动机电磁开关触头为高强度、耐大电流的铜合金。

根据汽车电气系统线束,控制端50可用螺钉接头或用密封的接插触头。

在现今轿车上,使用的电磁开关上,球形连接与带有电磁开关绕组的盖连在一起,从而形成一个没有铆接或焊接、没有开门的封闭结构。对密封有特殊要求的,如为防止起动机电磁开关在吸合动作时渗入湿气,可安装柔性的橡胶密封碗(见图7-13)。这种密封结构主要用于驱动轴承处可能进水的场合,另外还用于电磁开关在下部时在驱动轴承外罩处可能聚集湿气的场合。

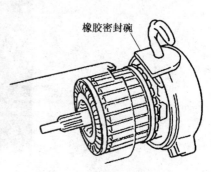

图7-13 起动机橡胶密封

技能操作

起动机主要由直流电机、减速机构、电磁开关(吸合电磁铁)、超越离合器、啮合机构组成,如图7-14所示。

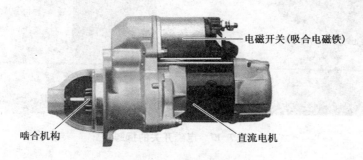

图7-14 起动机

一、起动机的分解

(1) 拆下起动电机与电磁开关接线柱的紧固螺母,如图 7-15 所示。

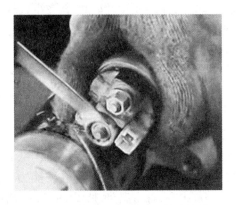

图 7-15　起动机与电磁开关连接线

如图 7-16 所示,取出接线柱的连接线。

图 7-16　取出连接线

(2) 拧下电磁开关与起动机外壳的紧固螺钉,取出电磁开关,如图 7-17 所示。

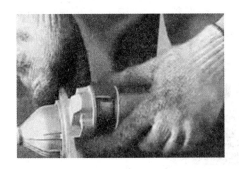 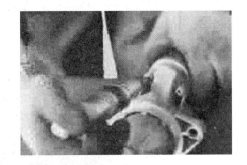

图 7-17　电磁开关的拆卸

(3) 如图 7-18 所示,旋下起动机贯穿螺钉和衬套螺钉,用橡皮锤轻轻敲松后端盖,取下衬套座和端盖。

图 7-18　起动机衬套及端盖的拆卸

(4) 如图 7-19 所示,用尖嘴钳将电刷弹簧抬起,拆下电刷架及电刷,并依次取出电枢、定子和外壳。

图 7-19　起动机电枢的拆卸

(5) 取出行星轮、防尘胶、止推垫片。

(6) 如图 7-20 所示,在取出转子后,从端盖上取下传动叉,然后取出驱动齿轮与单向离合器,再取出驱动齿轮端衬套。

图 7-20　起动机电刷的拆卸

二、起动机零件检修

1) 电枢轴的检修

用千分表检查起动机电枢轴是否弯曲,如图 7-21 所示。若摆差超过 0.1 mm,应进行校正。电枢轴上的花键齿槽严重磨损或损坏,应进行修复或更换。

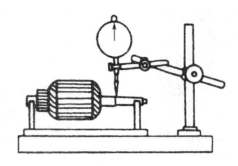

图 7-21 电枢轴弯曲度的检查

电枢轴轴颈与衬套的配合间隙不得超过 0.15 mm。间隙过大,应更换新套,进行铰配。

2) 换向器的检查

检查换向器有无脏污和表面烧蚀,若出现此情况,用 400 号砂纸或在车床上修整。

检查换向器的径向圆跳动量,如图 7-22 所示。将换向器放在 V 形铁上,用百分表测量圆周上径向跳动量,最大允许径向圆跳动量为 0.05 mm。若径向圆跳动量大于规定值,应在车床上校正。

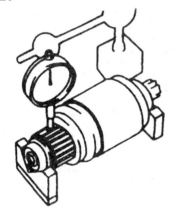

图 7-22 检查换向器径向圆跳动量

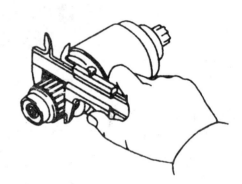

图 7-23 检查换向器直径

用游标卡尺测量换向器的直径,如图 7-23 所示。其标准值为 30.0 mm,最小直径为 29.0 mm。若直径小于最小值,应更换电枢。

检查底部凹槽深度,应清洁无异物,边缘光滑。测量如图 7-24 所示。标准凹槽深度为 0.6 mm,最小凹槽深度为 0.2 mm。若凹槽深度小于最小值,用手锯条修正。

图 7-24 检查换向器底部凹槽深度

3) 电枢绕组的检修

检查换向器是否断路,如图 7-25 所示。用欧姆表检查换向器片之间的导通性,应导通。若换向器片之间不导通,应更换电枢。

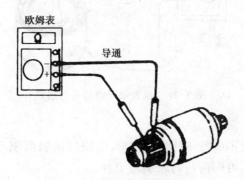

图 7-25 检查换向器是否断路

检查换向器是否搭铁,如图 7-26 所示。用欧姆表检查换向器与电枢绕组铁心之间的导通性,应不导通。若导通,应更换电枢。

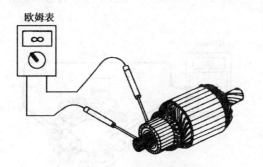

图 7-26 检查换向器是否搭铁

4) 励磁绕组的检查

检查励磁绕组是否断路,如图 7-27 所示。用欧姆表检查引线和磁场绕组电刷引线之间的导通性,应导通。否则,更换磁极框架。

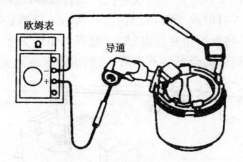

图 7-27 检查磁场绕组是否断路

检查磁场绕组是否搭铁。用欧姆表检查磁场绕组末端与磁极框架之间的导通性,应不导通,如图 7-28 所示。若导通,修理或更换磁极框架。

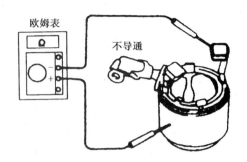

图 7-28　检查磁场绕组是否搭铁

5）电刷的检修

检查电刷的高度，一般不应低于标准的 2/3，电刷的接触面积不应少于 75%，并且要求电刷在电刷架内无卡滞现象，否则需进行修磨或更换。

检修电刷弹簧，读取电刷弹簧从电刷分离瞬间的拉力计读数。标准弹簧安装载荷为 17～23 N，最小安装载荷为 12 N。若安装载荷小于规定值，应更换电刷弹簧。

6）电刷架的检修

用欧姆表检查电刷架正极（+）与负极（−）之间的导通性，应不导通，如图 7-29 所示。若导通，修理或更换电刷架。

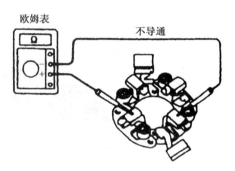

图 7-29　检查电刷架绝缘情况

7）离合器和驱动齿轮的检修

检查离合器和驱动齿轮是否严重损伤或磨损。如有损坏，应进行更换。

检查起动机离合器是否打滑或卡滞，如图 7-30 所示。将离合器驱动齿轮夹在台虎钳上，在花键套筒中套入花键轴，将扳手接在花键轴上，测得力矩应大于规定值（24～26 N·m），否则说明离合器打滑。反向转动离合器应不卡滞，否则应修理或更换离合器总成。

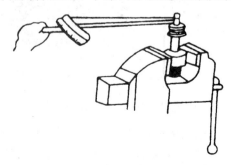

图 7-30　检查起动机离合器工作是否正常

8) 电磁开关的检修

检查电磁开关内部线圈断路、短路或搭铁故障,可用万用表测线圈电阻后与标准值比较进行判断。

按照图 7-31 所示连接好线路,接通开关 K 后应能听到活动铁心动作的声音,同时试灯 L 应被点亮;开关 K 断开后,试灯 L 应立即熄灭。否则应更换电磁开关或更换起动机总成。

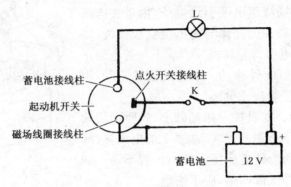

图 7-31 电磁开关的检查

三、起动机的组装

起动机的组装可按起动机的分解相反顺序进行,但应注意以下事项:

(1) 安装时,衬套中应涂上润滑脂。

(2) 如图 7-32 所示,用止推垫圈调整驱动齿轮的轴向间隙(推到极限位置),标准值为 0.3~1.5 mm。

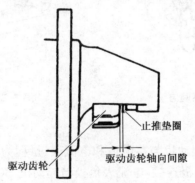

图 7-32 起动机驱动齿轮轴向间隙的调整

四、起动机的性能试验

1) 起动机试验的注意事项

修复后的起动机应对电磁开关和起动电机进行性能试验。试验中应注意以下事项:

(1) 蓄电池的电压应与被试起动机的额定电压相同,而且要充足电。

(2) 起动机与蓄电池之间的连接导线截面积要足够大,导线长度要短,电路中所有的接线柱应清洁并连接牢固。

(3) 试验时,待电流表的指针稳定时方可进行读数。

(4) 试验时,必须严格控制起动机的接通时间。空转试验时,接通起动机的时间不得超过 1 min;全制动试验时,起动机的接通时间不得超过 5 s。

(5) 每次试验后,应让蓄电池休息 1～2 min,然后才能重复试验。

2) 电磁开关试验

(1) 吸拉动作试验。将起动机固定到台虎钳上,拆下起动机端子"C"上的磁场绕组电缆引线端子,用带夹电缆将起动机"C"端子和电磁开关壳体与蓄电池负极连接,如图 7-33 所示。用带夹电缆将起动机"50"端子与蓄电池正极连接,此时驱动齿轮应向外移动。如驱动齿轮不动,说明电磁开关有故障,应予修理或更换。

(2) 保持动作试验。在吸拉动作基础上,当驱动齿轮保持在伸出位置时,拆下电磁开关"C"端子上的电缆夹,如图 7-34 所示,此时驱动齿轮应保持在伸出位置不动。如驱动齿轮回位,说明保持线圈断路,应予修理。

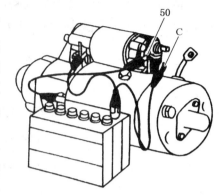

图 7-33 吸拉动作试验线路

(3) 回位动作试验。在保持动作的基础上,再拆下起动机壳体上的电缆夹,如图 7-35 所示,此时驱动齿轮应迅速回位。如驱动齿轮不能回位,说明回位弹簧失效,应更换弹簧或电磁开关总成。

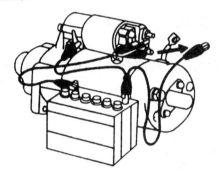

图 7-34 保持动作试验方法

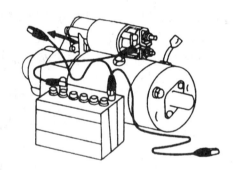

图 7-35 回位动作试验方法

3) 空载性能试验

如图 7-36 所示,线路将起动机与蓄电池和电流表(量程为 0～100 A 以上的直流电流表)连接。蓄电池正极与电流表正极连接,电流表负极与起动机"30"端子连接,蓄电池的负极与起动机外壳连接。

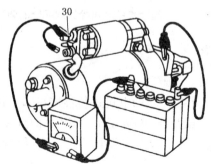

图 7-36 起动机的空载试验

如图 7-37 所示,用带夹电缆将"30"端子与"50"端子连接起来,此时驱动齿轮应向外伸出,起动机应平稳运转。当蓄电池电压大于或等于 11.5 V 时,消耗电流应不超过 50 A,用转速表测量电枢轴的转速应不低于 5 000 r/min。

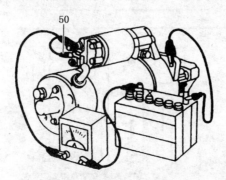

图 7-37　接通"50"端子进行试验

如电流大于 50 A 或转速低于 5 000 r/min,说明起动机装配过紧或电枢绕组和磁场绕组有短路或搭铁故障。如电流和转速都低于标准值,说明电动机电路接触不良,如电刷与换向器接触不良或电刷弹簧弹力不足等。

实训任务工单

任务名称	起动无力故障排除	计划学时	
客户任务	大众桑塔纳轿车起动开始时有转动不均匀、不连续现象,有时能起动发动机。要求服务站修复此轿车。学员接受任务,要求学员找到故障原因,排除故障。把故障信息和修复情况告知客户,并得到客户的确认		
任务目的	能够排除桑塔纳轿车起动机无力故障,能够正确分析判断汽车综合故障,能够正确选择检修工具和检修方法		

一、理论知识准备

1. 起动机的基本构成:_____。
2. 汽车起动无力的主要表现是_____
_____。
3. 起动无力可能的故障有电源故障和_____的故障。
4. 蓄电池_____或极板硫化短路,起动电源导线连接处接触不良等,都有可能造成起动无力。
5. 换向器与电刷接触不良,电磁开关接触盘和触点接触不良,电动机励磁绕组或电枢绕组有局部短路都有可能造成_____。
6. 起动系统拆检的主要内容有哪些?

二、计划

请根据故障现象和任务要求,确定所需要的检测仪器、工具,并对小组成员进行合理分工,制定详细的诊断和修复计划。
1. 需要的检测仪器、工具。
2. 小组成员分工。
3. 诊断和修复计划。

三、实施

1. 起动机的就车检测
给出起动电路图如下图,分析其线路走向,并找出相关器件的位置。

续表

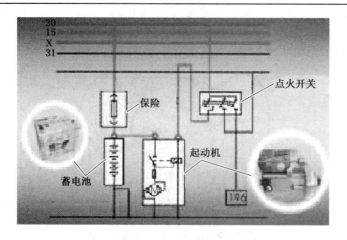

(1) 首先检查供电电源是否正常，检查电压_____V，(是/否)正常，搭铁(是/否)正常。

检查搭铁是否正常

(2) 检查起动机供电电压(是/否)正常。

用万用表或试灯检测起动机供电端子是否有电

2. 拆解检查
(1) 换向器的检修
a. 换向器(是/否)烧蚀。
处理意见：_____
b. 换向器圆度_____，标准值为 0.05 mm，极限值为 0.4 mm。(是/否)超限。
处理意见：_____

续表

　　c. 换向器直径_____，标准值_____，极限值_____，(是/否)超限。
　　处理办法：_____
　　d. 换向器磨损量的检查,使用_____工具检查云母深度为_____，标准值 0.5～0.8 mm。(是/否)超限。
　　处理办法：_____
　(2) 磁场绕组的检查
　　a. 磁场绕组短路的检查：(是/否)
　　b. 磁场绕组搭铁的检查：(是/否)
　(3) 电刷与电刷架的检修
　　a. 检查电刷的高度为_____，电刷高度应不低于新电刷高度的 2/3，即 7～10 mm(国产起动机新电刷高度一般为 14 mm)，否则应换新。(是/否)需要更换。
　　b. 检查电刷架的接触面积：电刷与整流子表面之间的接触面积应达到 75% 以上，否则应研磨电刷。是否需要研磨电刷：(是/否)
　(4) 单向离合器的检修
　　将单向离合器及驱动齿轮总成装到电枢轴上，握住电枢，当转动单向离合器外座圈时，驱动齿轮总成(是/否)能沿电枢轴自如滑动。
　(5) 电磁开关的检修
　　吸拉线圈阻值：_____是否损坏。
　　保持线圈阻值：_____是否损坏。
　　通过上述检查，得出以下结论：
　　_____
　　_____

四、检查与总结

　　通过上述检查，得出以下结论：
　　_____
　　_____
　　_____
　　_____

知识能力拓展

　　起动机故障是汽车电器系统常见故障之一，当起动机维修完毕，在重新装回到汽车上之前，要在综合性试验台(见图 7-38)上检测起动机的使用性能。

图 7-38　汽车电器万能实验台

一、汽车电器万能实验台

汽车电器万能实验台可以对汽车主要电器设备进行性能检测实验,能够完成的检测项目见表 7-1。

表 7-1 检测项目

检测项目	检查内容
直流发电机检验	空载、负载、电枢
起动机检验	空载、制动扭矩
电子调节器检验	节压、节流、限流
分电器检验	分电器发火均匀性及点火提前
点火线圈检验	点火性能
蓄电池检验	电压
电喇叭检验	声响

二、起动机性能检测

1)将蓄电池与试验台相接(见图 7-39)

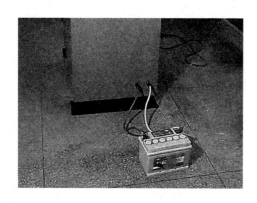

图 7-39 蓄电池的连接

图 7-40 固定起动机

根据起动机型号,或夹紧在法兰上(见图 7-40),或用 V 形导轨和箍圈夹紧。手轮和夹紧台是为调整齿侧间隙和起动机小齿轮的距离(如果齿侧间隙无法正确调整,起动机小齿轮的模数和齿圈的模数不一样,就会使它们在啮合时磨损加剧)。

然后调整转速传感器和连接起动机的电气接头,一端插入 54,另一端与起动机主接线柱相接。根据被试起动机的额定电压用附件 F,将 53 与 52、51、50 其中之一相连(连 52 为 24 V,连 51 为 12 V,连 50 为 6 V)。连接方法如图 7-41 所示。

2)空载测试

打开电源开关,选择起动机,按下起动开关(见图 7-42),观察电流表(见图 7-43),此过程不宜超过 1 min,2 次测量的间隔不得低于 2 min。

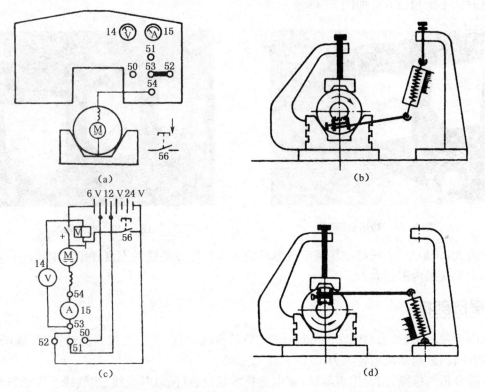

图 7-41 连接方式

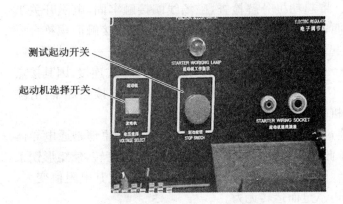

图 7-42 测试起动开关

图 7-43 电流表读数

测量起动机的空载电流和空载转速并与标准值比较,如果电流值大于标准值,n 小于标准值,表明装配过紧或电枢绕组和励磁绕组内有短路或搭铁现象。如果电流值小于标准值,n 小于标准值,表明内部电路有接触不良的地方。

3) 全负荷测试

(1) 将被测起动机固紧在夹具上,将制动器连接杆的夹块夹紧被试起动机驱动齿轮的三"齿",对顺时针旋转的起动机应装夹下部3个齿,对逆时针旋转者夹上部3个齿。

(2) 将转矩表调零,如图 7-44 所示。

(3) 按空载试验中的电路连接好线路。按下开关,观察电压表、电流表的读数并记录。每次测量时间不能超过 5 s，如图 7-45 所示。

图 7-44 转矩表调零

图 7-45 电流表

电流大，转矩小，表明此磁场绕组或电枢绕组有短路或搭铁的不良现象。电流小，转矩小，表明起动机接触内阻过大。

案例剖析

故障现象：一辆桑塔纳轿车的 qd-1225 型起动机，当点火开关扭到起动挡时，能听到"嗒嗒嗒"的声音，但起动机运转无力，发动机很难起动。

故障分析与排除：用万用表测试，蓄电池技术状况良好，且其火线、搭铁线及发动机与车架间的搭铁线均无松动、氧化腐蚀、绝缘不良等情况。最后测试起动机电压降时，万用表读数达 7.8 V，初步判断是起动机内部有问题。将起动机分解检查，磁场线圈接触牢固，电磁开关工作可靠，轴承松紧度合适，电枢轴无弯曲，碳刷弹簧压力正常，碳刷与换向器接触面积符合要求，基本排除了机械阻力的可能。针对起动机工作不久温度即过高的情况，进一步测试发现，电枢线圈与换向器接触点电阻飘移较大。经仔细观察，该点采用的是挤压方式连接，因其接点挤压不紧，致使电枢线圈与换向器接触不良。用 75 W 的电烙铁，采用锡焊将接点焊牢，清除接点之间多余的焊锡后装复试验，起动机转动有力，发动机能顺利起动。

起动机是把电能转化为机械能并通过啮合齿轮对外做功的装置，其工作原理是通电导体在磁场中运动。上述故障的出现是由于此车使用较久，电枢在起动时又高速旋转，使矩形铜条绕组始终处于离心力作用下，导致电枢线圈与换向器之间的连接接点悬浮，使其电阻值变大，电枢线圈的电流则减小，起动机便因转矩不足而运转无力。

技能掌握

1. 起动机的拆检步骤及内容，思考各诊断项目如果出现故障会引发什么样的故障现象。
2. 起动机起动无力故障的诊断方法。

学习单元 8　起动机不工作的故障检修

学习目标

1. 掌握起动电路的分析。
2. 掌握起动机的更换。
3. 掌握起动机的工作原理。

任务载体

桑塔纳 2000 轿车,起动时听到起动开关"哒哒"有声,起动机刚转即停。

相关知识

起动系统主要由起动机、起动开关、起动继电器组成。现代汽车都安装有防盗系统,钥匙必须通过防盗系统的认证才能起动。此外,在装配自动变速器的汽车上安装有空挡起动开关,选挡杆在 N 挡或 P 挡时才能起动。

1) 奥迪 100 轿车起动电路

如图 8-1 所示,点火开关有 4 个挡位,分别为 0 停车挡、Ⅰ附件挡(在不起动发动机时为用

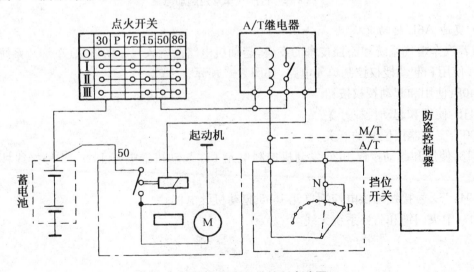

图 8-1　奥迪轿车起动控制电路图

电设备供电的挡位,此挡位在很多车上已经取消)、Ⅱ点火挡和Ⅲ起动挡。6个接线端子,30接发电机、蓄电池正极以供电,P在停车挡时为停车灯供电,75通过卸荷继电器为音响、电动座椅、点烟器等用电设备供电,15为点火系、供给系等用电设备供电,50为起动机供电,86长供电。当点火开关为起动挡时,30端子与50端子接通,蓄电池的电通过点火开关进入起动继电器,如果此时挡位开关处于N挡或P挡,且防盗控制器通过验证,则起动继电器触电闭合,电流通过继电器触电为起动机50端子供电,起动机开始工作。

2) 日产轿车起动电路

日产轿车起动电路如图8-2所示,点火开关4个挡位与奥迪轿车相同。OFF停车挡,ACC附件挡,ON点火挡,ST起动挡。

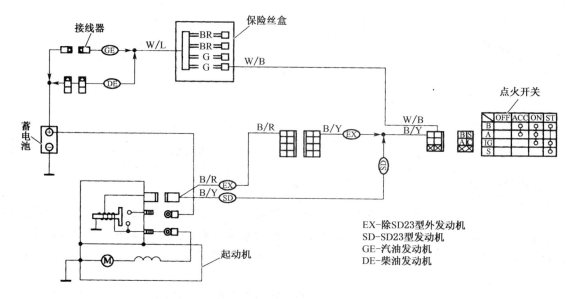

图8-2 日产汽车常用起动电路

3) 奥迪A6L起动电路

随着汽车电气系统和遥控技术的发展,起动机电路已融入汽车防盗、汽车舒适系统中。奥迪A6L使用和起动授权控制单元电路,如图8-3所示。

E408:使用和起动授权按钮

E415:使用和起动授权开关

F305:变速器挡位P的开关

J518:使用和起动授权 J623 发动机控制单元 J53 起动机继电器 J329 15号接线柱供电继电器

J694:75x号接线柱供电控制单元 J695 起动机继电器

R47:中央门锁和防盗系统天线

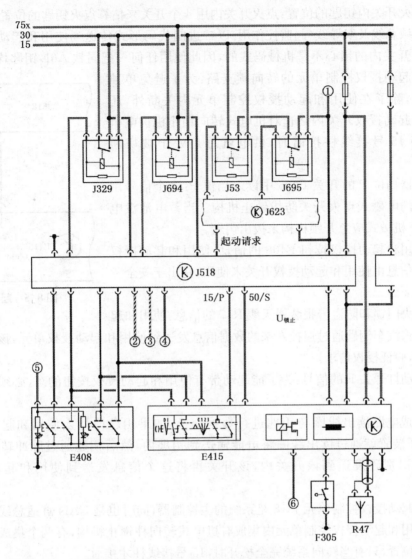

图 8-3 奥迪 A6L 电路图
1—接线柱 50(接起动机 B)；2—CAN 舒适 High 线手按钮；3—CAN 舒适 Low 线手按钮；
4—自动变速器控制单元 J217 按钮的 P/N 信号；5—接线柱 58s(照明)；6—制动灯开关 F 信号

使用和起动授权开关(如图 8-4)除作为点火起动开关外，还集成了其他功能。

图 8-4 车钥匙和 E415 使用和起动授权开关

估算点火开关内钥匙的位置：点火开关内用4个开关来估算点火钥匙的位置,这些开关的信息通过局域总线及双导线(起监控作用)以二进制代码形式传送到使用和起动授权控制单元上。点火开关内的锁心不是机械码式的,因此使用任何一把同款A6L钥匙均可转动。

使用和起动授权控制单元的转向锁支路：为了避免单独锁止转向柱,除了在使用和起动授权控制单元内关断外,还须在使用和起动授权开关内终止对机电式转向锁止机构电机的供电。当15号接线柱接通时,供电就总是处于被切断状态。

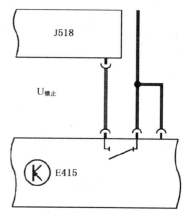

图 8-5 起动电路

从变速器挡位 P 的开关 F305 中读入挡位 P：这个信号用于操纵集成的电磁式点火开关防拔锁止机构。当蓄电池没电时,可以按下机械式应急开锁机构来拔出钥匙。

读入使用和起动授权按钮 E408 的信息：使用和起动授权按钮的位置信息由使用和起动授权开关来使用,是出于安全考虑的。

读入中央门锁和防盗警报装置天线 R47 的信息：使用和起动授权开关将汽车钥匙通过遥控发来的数据信息发送到使用和起动授权单元,该单元使用这些数据信息,验证授权请求。

读入制动灯开关 F 的信号：为了能起动带有使用和起动授权按钮的车,必须要踏下制动踏板。

通过集成电路读出线圈与钥匙进行数据交换,如果钥匙已插入使用和起动授权开关内,那么电子装置就通过读出线圈将电能输送到钥匙内,然后钥匙通过脉冲转发器和读出线圈将钥匙识别码发送到该开关内,该开关再将这个信息发送到使用和起动授权控制单元。

使用和起动授权控制单元 J518 是系统的主控制器,同时也是 CAN 舒适总线系统的一个用户。在使用和起动授权控制单元内集成有机电式转向柱锁止机构,有两个集成的微开关用于检查锁止位置,只有当转向系统完全松开时,15号接线柱才接通。

使用和起动授权控制单元通过接线柱 15、75x、50、S 和 P 将信息放到 CAN 舒适总线上。然后控制单元操纵接线柱 15 和 75x 的继电器并将起动请求信号发送给发动机控制单元。由发电机控制单元 J623 控制起动继电器 J53 和 J695 工作。

操作技能

轿车用起动机的寿命是按轿车发动机的平均寿命设计的,不要求特别的维修。经常短距离行驶的商用车和另一些在异常负荷下(特别是出租车、运送包裹等车辆)工作的汽车起动机需定期检查。起动机一旦出现故障,首先在汽车上直接检查。

一、蓄电池的检查

在检测起动机前先要检查蓄电池的功能,即在负荷下的蓄电池电压、电解液面和电解液密度。通常打开前照灯开关,观察前照灯灯光是否明亮,按汽车喇叭,声音是否响亮。如果灯光明亮,喇叭声音响亮,说明蓄电池正常。否则首先检查排除蓄电池故障后再对起动机进行检修。

二、利用声学检测技术分辨故障

(1) 异常的噪声

① 打开起动开关,起动机转速很高,发出"嗡嗡"的高速转动音,但发动机不转。说明起动机空转,可能为单向离合器失效,进一步需要拆检单向离合器。

② 起动时伴有齿轮撞击的尖叫声,小齿轮不能进入啮合位置,拆检缓冲弹簧。

(2) 起动时有啮合的声音,但起动机小齿轮与齿圈啮合时发动机转得慢,甚至只是动一下,同时发出"嗡嗡"的声音,如果排除蓄电池电量不足,而且起动机发热,应拆检励磁绕组。

(3) 没有啮合噪声,说明起动机没有工作,可能为起动电路故障或起动机损坏,首先检查起动电路,无故障则拆检起动机。

(4) 发动机起动后起动机发出刺耳尖锐的响声,说明存在发动机反拖现象,起动机小齿轮不退出啮合或很慢退出啮合,应检查单向离合器和安装间隙。

三、起动机静止状态时电气检测

(1) 接地线与正极连接线

检查连接线是否有松动、锈蚀、接触不良等现象。

(2) 测量 30 端子的电压

30 端子连接蓄电池的正极,为起动机的供电端子。如果此端子电压过低或没有电压,应检查蓄电池和连接线路(重点检查连接部位)。

(3) 导线的接触电阻

用万用表电阻挡测量导线,电阻无穷大说明电路中存在断路现象,有较大电阻说明电路中存在接触不良。

四、起动过程中的检测

(1) 端子 50 的电压

起动机在起动时 50 端子为起动机电磁开关供电,使小齿轮与飞轮齿圈结合,同时接通起动机的主供电电路,电压应为 12 V 左右。电压过低会导致起动机小齿轮和齿圈无法接合。

(2) 检测起动机的起动电流

将电流表串入起动机 30 端子,可检测起动机的起动电流。

实训任务工单

任务名称	起动机不工作故障修复	计划学时	
客户任务	桑塔纳 2000 轿车,起动时听到起动开关"哒哒"有声,起动机刚转即停		
任务目的	制定工作计划,并利用汽车专用万用表起动系统进行检测,确定故障并修复		

一、理论知识准备

1. 桑塔纳轿车起动电路认识

在图中标出蓄电池、点火开关、起动机、继电器、保险及相关连接电路。

在桑塔纳轿车上找出蓄电池、点火开关、起动机、插接器、继电器、保险的位置。

在桑塔纳轿车上找出起动机的供电线路和搭铁线路。

2. 通过实车的电路分析,画出桑塔纳轿车起动系统的线束图。

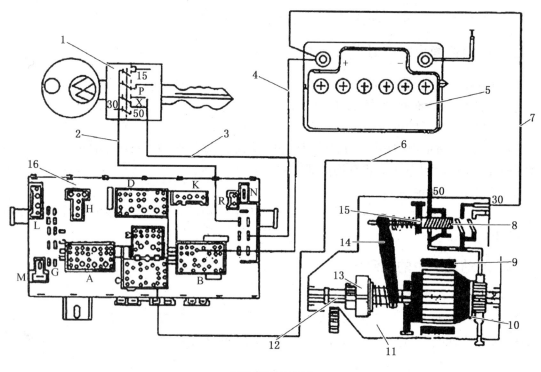

起动线路示意图

二、计划

请根据故障现象和任务要求,确定所需要的检测仪器、工具,并对小组成员进行合理分工,制定详细的诊断和修复计划。

1. 需要的检测仪器、工具。

2. 小组成员分工。

3. 诊断和修复计划。

续表

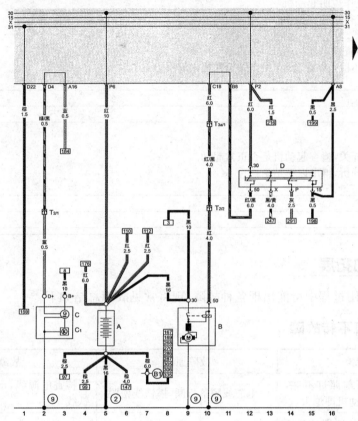

A —蓄电池
B —起动机
C —交流发电机
C1 —调压器
D —点火开关
T2 —发动机线束与发电机线束插头连接,2针,在发动机舱中间支架上
T3a —发动机线束与前大灯线束插头连接,3针,在中央电器后面
② —接地点,在蓄电池支架上
⑨ —自身接地
Ⓑ₁ —接地连接线,在前大灯线束内

三、实施

1. 打开点火开关,描述故障现象:_____。
2. 检查蓄电池电压_____V。电压(是/否)正常,若电压过低则应_____处理。
3. 检查相关连接器、接线柱(是/否)松动。若有松动,紧固后测试检查。
4. 检查起动机(是/否)有电。若没有电再次检查蓄电池与起动机的连接线。
5. 检查起动继电器保险(是/否)烧毁。
6. 短接起动机两个主接线柱,起动机(是/否)能正常工作。
若不能工作:_____
若工作正常,进行下一步操作。

续表

7. 短接电磁开关接线柱和起动机电源接线柱。
起动机(是/否)工作正常。
若不能正常工作说明起动机_____。
若正常工作进行下一步操作。
8. 更换继电器。
若正常起动检查继电器。
9. 通过对上述检查结果分析,得出结论并提出解决方案:
_____
_____

四、检查与总结

1. 打开点火开关,检查起动机是否正常起动。
2. 通过检查分析,得出以下结论:
_____
_____

知识能力拓展

起动机在使用过程中可能出现各种故障,现将常见故障总结如下。

一、起动机不转故障

故障现象	故障原因	故障排除
按喇叭不响,开前照灯不亮,有时灯虽亮,但起动机即熄灭	电瓶线脱落折断,搭铁线松脱	检查电源线,刮除铁锈并紧固搭铁线
按喇叭声音正常,用螺丝刀接起动开关上的两主接线柱(接蓄电池、电枢的)则运转正常	起动开关接触盘烧蚀,回位弹簧断	更换触盘、弹簧,打磨主触点表面
短接起动开关电机仍不转,多次短接起动开关之后起动机无温升	两只电刷同时卡住或电机内部断路	检查电刷接触情况及各接线点有无火花
拆掉开关接电枢的导电连接片,用电瓶火线碰此开关接线柱时有火花	起动开关接电枢的接线柱绝缘垫损坏	更换起动开关接线柱绝缘垫片
按上项试火时无火花,但用电瓶火线碰起动机外壳上的"电枢"或"磁场"接线柱时火花很强	励磁线圈或电枢线圈有搭铁故障	拆解起动机,检查各线圈的搭铁故障
按喇叭响,短接起动开关的两主接线柱起动机不转,但起动机有温升,起动机内有"嗡嗡"声	发动机阻力过大或异物卡住起动机	用扭力扳手测发动机,检查各线圈的搭铁故障
起动机起动时开关内只有很小的衔铁摆动音	电磁开关内的吸拉线圈断路	检修电磁开关

二、起动机空转、发动机不转故障

故障现象	故障原因	故障排除
起动机起动时其转速很高,发出"嗡嗡"的高速转动音,但发动机不转	单向离合器失效	检查单向离合器的锁止力矩
起动时伴有齿轮撞击的尖叫声,小齿轮不能进入啮合位置	单向离合器缓冲弹簧断或太软	更换缓冲弹簧
现象同上项,小齿轮啮入前已发出高速旋转声	起动开关行程调整不当	调整推片伸出长度

三、起动机无力故障

故障现象	故障原因	故障排除
有啮入音,几乎完全转不动曲轴,起动机温升快,有"嗡嗡"的声音	励磁线圈短路	拆检励磁线圈
起动开始时有转动不均匀、不连续现象,有时能起动发动机	换向器表面烧黑,电刷接触不良	用细砂纸打磨换向器表面
每次起动都能使曲轴转动,但转速太低,随即被迫停转,俗称"闷住"	搭铁线接触不好或电瓶线过长	除掉搭铁点铁锈,选用短电瓶线
起动转速低,经连续起动两三次后,完全拖不转曲轴	蓄电池亏电或温度过低	做补充充电,冬季为蓄电池保温

四、有啮入声、无运转声故障

故障现象	故障原因	故障排除
起动开关"哒哒"有声,起动机刚转即停	保持线圈断路	检修保持线圈
起动开关连续"哒哒"响,无任何转动迹象	蓄电池严重亏电	更换蓄电池

五、起动机反拖故障

故障现象	故障原因	故障排除
发动机起动后即出现尖叫声,起动机被反拖高速旋转	单向离合器卡死	检修单向离合器
起动后有较长时间的齿轮啮合声,犹如远方警笛声	起动机安装不当,齿侧间隙过小	重装起动机,保证合适的侧隙

案例剖析

故障现象：接通起动开关，起动机运转时有撞击声，且不能带动发动机运转。

故障原因分析：

(1) 起动开关或电磁开关行程调整不当。

(2) 电枢移动式固定触点和活动触点间隙调整不当。

(3) 起动机驱动小齿轮或飞轮轮齿磨损过甚或打滑。

(4) 起动机固定螺栓松动或离合器壳松动。

(5) 起动机内部故障。

故障排除：此现象表明起动机驱动小齿轮啮入困难。首先摇转曲轴一个角度，再接通起动开关试验。

(1) 如撞击声消失且能啮入起动发动机，则说明飞轮齿圈部分轮齿啮入端打坏，应予以更换。

(2) 如曲轴转到任何角度都不能消除撞击声，驱动小齿轮始终不能啮入，则表明起动机拨叉行程或电磁开关行程过短，导致驱动小齿轮尚未啮入即高速旋转。

(3) 当接通起动开关时，起动机壳体明显抖动；说明起动机固定螺栓或离合器壳固定螺钉松动，应立即紧固，否则可能造成起动机驱动端盖折断。

(4) 此外，根据撞击声响特征也可大致判明原因。一般行程调整不当或带有空转的撞击声是连续的。而起动机固定螺栓或离合器壳松动或飞轮齿损坏引起的撞击声是断续的，且有时可以啮入起动。空转带有撞击声的诊断方法同起动机空转故障。

技能掌握

1. 起动机就车诊断的内容有哪些？
2. 起动电路的分析方法有哪些？

学习单元 9　前照灯故障的检测与修复

随着城市的发展,汽车的行驶环境变得复杂而多变,随着汽车工业的发展,交通密度越来越大,车速愈来愈快。汽车照明对交通安全显得愈发重要,这也对照明系统提出了更高的要求。

设计可靠合理的照明系统并不是件容易的事情。在各种不同条件下的有效路面照明,目的不仅仅是增强人的视觉,而是要求在任何情况下借助车辆照明系统,都能看清汽车周围的环境。对灯光最重要且必须考虑的是要有明亮程度、颜色和立体感,同时还有形状和动作,以及亮度和颜色对比度。这就是汽车前照灯有如此严格要求的原因。

高性能前照灯以及其他前后车灯,是实现"看得见和被看见"的汽车照明的基本目标。

在照明技术领域内,如今又增加了对风格造型的要求。通过对车灯局部或全部改变外部镜片光学部件的外形,创造一件完美的成品。前照灯或其他灯具的内部就可按照风格造型需要进行设计,其最终结果就是现在使用的功率强大的前照灯(见图 9-1)和具有特异风格造型的引人入胜的车灯。

图 9-1　车前照灯

学习目标

1. 掌握前照灯的检测。
2. 掌握前照灯的更换。
3. 掌握前照灯的结构类型。
4. 掌握前照灯的灯光检测。

任务载体

一辆 2007 年产上海通用别克陆尊 3.0 L 多功能车,自动前照灯需要等到外界光线非常暗了才会自动点亮,而此前已经不得不手动打开前照灯,所以前照灯已经失去了自动功能的意义。

相关知识

汽车灯光照明系统是为保证汽车在夜间及能见度低的情况下增强人的视觉，提高汽车行驶的安全性。根据安装部位的不同可以分为汽车前部照明、汽车后部照明和汽车内部照明。

汽车前部照明主要包括前照灯、雾灯、转向信号灯、停车灯、示宽灯、白天行驶灯。现代汽车通常装备组合式的前部照明灯具，如图9-2所示。

图9-2　汽车前部照明

一、前照灯

在汽车前部照明中前照灯的作用最为重要，所以世界各国多以法律的形式规定了前照灯的照明标准。前照灯应能保证车前有明亮而又均匀的照明，使驾驶员能够看清车前100 m以内路面上的情况。随着现代汽车行驶速度的不断提高，对前照灯的要求也越来越高，现代汽车前照灯的照明距离应达到200～250 m。另外，前照灯应具有防止眩目的装置，以避免在夜间两车相会时，使对面驾驶员眩目而造成交通事故。

前照灯的光学组件主要包括灯泡、反射镜和配光镜。

1) 灯泡

灯泡作为汽车光源通常用卤素灯泡、氙气灯泡和LED灯泡。

（1）卤素灯泡

卤素灯泡通过热能产生光，其发光强度与热源产生的热量有关。卤素灯泡以钨丝作为热源，电流通过发热而产生光，这种发光方式工作效率低于10%，与气体放电灯相比，光视效能要低得多。

卤素灯泡是利用卤钨再生循环反应原理制成的，解决了由于钨丝的蒸发影响灯泡亮度和寿命的问题，充入的卤素气体（碘或溴）可以使灯丝温度接近钨的熔点（3 400℃左右），相当于发光功率的高水平。靠近灯泡热表面的钨蒸气与周围的卤素相结合，形成一种半透明的气体（卤化钨），在大约200～1 400℃的温度范围内都保持稳定。扩散到灯丝附近的钨粒子，与局部高温反应,又形成一层坚固的钨层(见图9-3),重新回到钨丝上。由于灯泡外部温度需要达到约300℃才能维持这一循环,所以石英泡壁与灯丝之间的距离必须非常小。这种设计的另一优点是可以用较高的充气压力,以消除钨的固有蒸发趋势。

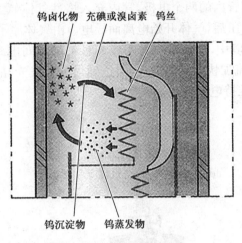

图 9-3 卤素灯泡发光原理

卤素灯泡有单灯丝和双灯丝两种形式,单灯丝的如 H1、H3、H7、HB3 和 HB4 等,用于远近光灯泡相互独立的前照灯(四灯制前照灯)或雾灯。H4 双灯丝卤素灯泡,两个灯丝可以交替成为近光灯和远光灯。近光的一部分用一个荫罩遮起来,在光线中形成一条明暗分界线,被遮挡的那部分近光最有可能产生眩光,如图 9-4 所示。一只额定功率 60/55 W 的 H4 卤素灯泡,辐射光大致是 45/40 W 双灯丝灯泡的 2 倍,而且内表面不会生雾,在其寿命期内保持透明。

装配卤素灯泡的前照灯如图 9-5。

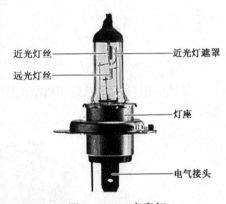

图 9-4 H4 卤素灯

图 9-5 卤素灯泡前照灯

卤素灯泡表面温度比较高,灯泡表面即使沾上少许油污、手指印之类的痕迹,在高温下都会成为一层有害的物质,危害并破坏玻璃泡,在拆装时要注意不能用手去摸玻璃泡。

(2) 氙气灯泡

氙气灯又称作高亮度弧光灯或气体放电灯,结构如图9-6所示。这种灯的灯泡里没有灯丝,取而代之的是装在石英管内的两个电极,管内充入惰性气体氙气和金属卤化物的混合物。在电极上加上10~20 V电压后,气体开始电离而导电。由气体原子激发到电极间少量的金属蒸汽弧光放电。在正常环境中,灯内的微粒需要几秒钟的时间电离,电离完成后才能充分发光。可以通过大的起动电流加快电离的进程,当达到最大的发光亮度后,开始限制电流,只需85 V的维持电压,就足以维持电弧的稳定。

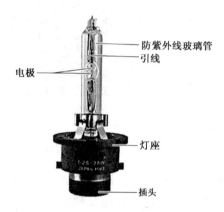

图9-6 D2S氙气灯

氙气前照灯由弧光灯组件、激发器(点火器)和增压器模块(控制单元)三大部分组成(见图9-7)。

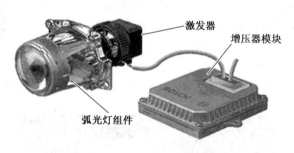

图9-7 氙气前照灯

增压器模块把近光继电器提供的12 V直流(DC)电源转换为交流(AC)电源。每个车灯都要求有自己的增压器模块。增压器转换并提高近光灯继电器的输出电压至800 V交流电,经过连接到激发器的电缆向车灯总成供电。激发器使用由增压器模块提供的电压并在瞬间将电压增高到25 000 V,从而点亮前照灯。前照灯一旦被激发,将产生85 V的维持电压。

氙气前照灯的光照亮度是普通卤素灯的2倍,而且光电子气体放电所产生的光线可以更好地适合人的眼睛(见图9-8),使氙气灯的视距大大提高,近光灯可以达到80 m,远光灯可以达到190 m。氙气前照灯的能耗仅为卤素灯的2/3。同时,氙气灯没有灯丝,不会发生灯丝断裂或损耗现象,其使用寿命为普通卤素灯的10倍左右。因此,氙气前照灯在提高夜间行车光照效果的同时,也极大地改善了驾驶安全性和舒适性,有助于缓解驾驶者夜间行车的紧张和疲劳。驾驶者可在第一时间内发现危险,从而获得足够的反应时间,最大可能地减少夜间事故的发生。

卤素灯光　　　　　　　　　　　　　氙气灯光

图 9-8　卤素灯光与氙气灯光对比

氙气前照灯与普通卤素前照灯相比有明显的优势,最近几年发展很快,全球 30% 的汽车制造商已经把氙气前照灯作为车辆的原装配套设备。

受氙气灯较高制造成本限制,而且 HID 气体放电灯点亮 3 s 后才能达到最大亮度,所以传统的氙气灯是不作远光灯使用的,汽车制造商只对使用最为频繁的近光灯应用氙气灯,前照灯内通常仍然需要有 1 个卤素灯泡作为远光灯。双氙气模块化照明系统(简称双氙气灯,bi-Xenon)解决了这个问题。氙气前照灯允许用 1 个气体放电灯同时作为近光灯和远光灯。通常有 2 种方法可以实现这一功能(见图 9-9)。

图 9-9　双氙气前照灯的工作原理

① "反射型" 双氙气前照灯

通过使用电子机械装置移动反射镜内的气体放电灯到合适的位置上,以限制主光和近光光锥面的散失。目前奔驰 220 车匹配的博世氙气前照灯系统就是采用了这一技术(图 9-9)。"反射型" 双氙气前照灯具有许多优点:通过连续地改变从近距到远距的光线分布,提高了良好的视觉判断条件;系统需要空间较小;使用 1 个灯和镇流装置,其价格较低。

② "投射型" 双氙气前照灯

通过移动用于明/暗截止线的遮光屏进行远光操作,透镜直径为 60 mm 和 70 mm。"投射型" 双氙气前照灯是把远/近光组合在一起的最紧凑的前照灯结构,同时具有出色的照明效率。

双氙气前照灯通常配备一个卤素远光灯作为辅助,氙气灯的穿透能力比较差,雾天会对视距产生较大影响。

配备氙气灯的汽车前照灯如图 9-10 所示。

(3) LED 灯泡

LED 前照灯目前在世界范围内仍处于研制阶段,日本小糸车灯公司、德国海拉公司纷纷推出了概念型产品,而丰田 2008 款雷克萨斯 LS600Ch 成为世界上第一个部分应用 LED 前照

图 9-10 氙气前照灯

灯的车型,该款 LED 前照灯也成为世界上第一只商用化的 LED 前照灯。随后 AudiR8 车型又推出了全 LED 前照灯,如图 9-11,第一时间使 LED 前照灯所有功能变成现实。

图 9-11 LED 前照灯

LED 灯有其明显的优势:

① LED 车灯能量转化效率高,响应快,使用寿命长。

② 通过 LED 集成光源的配置,并与相关光学部件配合,远光照度值最大可达到 288 lx[①],远光灯照度可达到 200 m 以上。

③ 在灯具结构造型方面,由于 LED 光源体积非常小,使灯内布局更随意,LED 可采用多光源组合形式,这将完全改变汽车前照灯的形状和布置方式。过去用卤素灯或氙气灯光源无法实现的概念车造型,使用 LED 光源都能得以完美地实现。例如,LED 光源可以使用多颗光源排列,多只反射镜或透镜进行光学设计,让灯具更加紧凑。设计师们可以使用 2 颗 LED 组合成近光灯,也可以用更多的模块来组合出近光灯,而这些模块可以完全服从造型设计师的要求。

④ LED 前照灯全部采用 LED 冷光源,发热量低,灯腔内温差变化不大。

---

① lx:勒克司(lux,法定符号 lx),照度单位,1 lx 为距离一个光强为 1 cd 的光源,在 1 m 处接受的照明强度,习惯上称为烛光·米。

2）反射镜

反射镜的作用是最大限度地将灯泡发出的光线聚合成强光束，以增加照射距离。反射镜的表面形状呈旋转抛物面，一般由塑料制成。其内表面镀银、铝或镀铬，然后做抛光处理。目前反射镜内面采用真空镀铝的较多，反射系数可达到 90% 以上，如果表面有锈蚀反射率会下降得很厉害。灯丝位于反射镜的焦点处，其大部分光线经反射后成为平行光束射向远方，其距离可达 150 m 或更远，如图 9-12 所示。反射镜有少量的散射光线，其中朝上的完全无用，朝下的散射光线则有助于照明近距离路面和路缘。

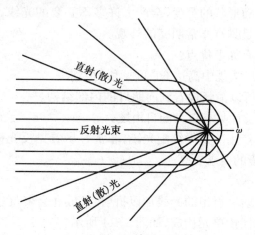

图 9-12　反射镜光束

平均焦距较短的反射器能有效利用灯泡的光，效率高。这种反射器最大限度地包围着灯泡，把绝大部分的入射光变成远射的光束。它的焦距在 15～40 mm 之间（抛物线顶端到焦点之间的距离），然后用一个透镜把光线再行分配，成为预期的光影图案照射到路面上。

如今许多反射器的几何形状远不像纯粹的抛物线形状。如图 9-13 所示，安装 3 个独立的反射器，供近光、远光和雾灯用。它只占据常规 H4 抛物反射器的相同空间，但三者的光视效能却都有增强。在阶梯式的反射器或多面体式的反射器上可用分体设计软件来确定多面体中每一个体的平均焦距。

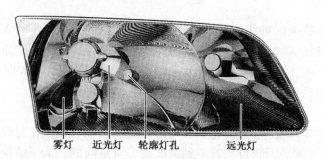

图 9-13　阶梯形反射镜

在一些新式前照灯的设计中，使用自由曲面反射镜。自由曲面前照灯是高级阶段，其反光镜曲面为一光顺的不规则几何形状。它是通过复杂运算、优化临界参数、应用仿真程序而产生的曲面。

从自由曲面反光镜反射出的光线即为满足设计和法规要求的光线,它起到了抛物面前照灯中反光镜和配光镜的双重作用,故无需再设计配光镜上的光学花纹。也就是说,自由曲面反光镜同时也完成配光镜的偏移和散射功能。对于自由曲面的反光镜的近光灯,几乎近100%的反光镜曲面被有效利用。自由曲面的设计可以分为连续式、分段式和多面式,不同的设计方案在外观上会有明显的差异。

分段式反光镜是最佳的设计方案,可以得到理想的光形。连续性反光镜存在很大的设计局限性,这种曲面上不允许有台阶和拐点。这种曲面的优点是产生不必要的光线的可能性较小。多面式反光镜由于曲面形状的突变,会产生许多不必要的光线,有可能导致眩目的产生,但这种反光镜的最大优点是具有非常明亮的外观。

自由曲面反光镜还具有如下优点:

(1) 光线完全能够满足法规中高达60°可见角的要求。

(2) 通过无纹配光镜可以清晰地看到前照灯的内部结构。

(3) 使汽车前照灯的设计具有更大的自由度。

由于自由曲面前照灯使用的是无纹配光镜,非常容易看见反光镜表面的灰尘颗粒及配光镜中的气泡,因此对配光镜的要求更高。

3) 配光镜

配光镜的作用是将反射器射出的光线加以折射、扩散和会聚,在路面形成所期望的照射光影。配光镜由透镜单元和棱镜单元构成,如图9-14所示。

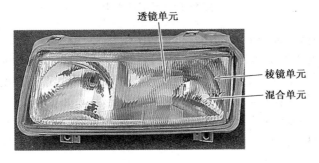

图 9-14 配光镜

光线遇到垂直于柱面区轴线的聚焦区(折射单元)时,光折射使平行光发生散射,光线沿某一角度遇上透镜的棱镜区时,按照棱镜单元的几何形状被导向并沿一定角度射出,平行入射光线仍然保持平行。在配光镜内部,透镜单元和棱镜单元相互配合,增大照射距离和范围,并使光线更均匀。配光镜的表面应保证光滑,尽量减少灰尘的黏附。

4) 防眩目设计

眩目是人的一种生理反应,当强光刺激眼睛时虹膜自动收缩阻止光线进入眼睛,导致短时间失明,会车时如果驾驶员因眩目而看不到路况是非常危险的。为了解决这个问题,汽车照明引入了远近光的设置,近光灯通过对光柱角度的控制,防止眩目的发生,而远光灯不可避免地会引起眩目。近光灯防止眩目的方法主要是降低前照灯的射出角度,使前照灯高度及以上处的照度不大于1 lx。通常使用的方法有:

(1) 采用双丝灯泡

使用双丝灯泡,远光灯丝位于反射镜的焦点,近光灯丝位于焦点靠近灯座的方向,改变光线的射出方向,从而降低眩目。

(2) 采用带遮光罩的双丝灯泡

如图 9-4 所示,H4 双丝卤素灯有带遮罩的近光灯丝,近光灯丝的光线被荫罩遮挡使向下的光线照不到反射器上,而折向纵面方向。荫罩的边缘投射到路面,形成明暗分界。这种上暗下明的光分布,在所有情况下都能达到令人满意的可视距离。这样的安排使射向迎面车辆的眩光保持在合理的限度内,而同时让明暗分界线下面的区域有较高的照度(见图 9-15)。

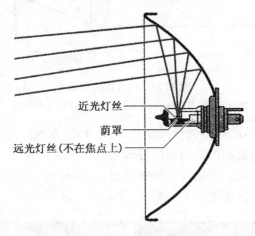

图 9-15 近光灯折射

(3) 采用非对称光形

将配光屏单边倾斜 15°,近光灯丝发出的光线经反射镜和配光镜后得到了非对称近光光形(图 9-16)。这种配光符合联合国经济委员会制定的 ECE 标准,被称之为 ECE 形配光(根据其光形特征,也称 L 形配光)。它既有较好的防眩目效果,又有较远的近光照明距离,是较为理想的光形,我国已采用这种配光形式。近年来,在国外出现了另一种被称之为 Z 形配光的非对称型配光,它不仅可以避免迎面汽车司机眩目,还可以防止车辆右边的行人和非机动车辆使用人员眩目。

图 9-16 灯光的非对称分布

5) 多椭圆体系前照灯(PES)

常规前照灯依靠散射透镜实现光分布,PES 的光分布则由反射器决定,然后通过透镜向路面投射。其基本思路与幻灯机原理相关。两者都是以光学成像为主要目的,只是幻灯机生成的像是幻灯片本身,而前照灯则是反射器产生的光分布,以及因近光需要由光屏生成的明暗分界线(图9-17)。

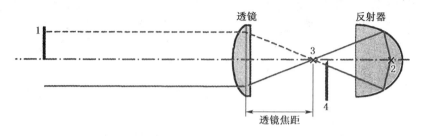

图9-17　PES投射原理

1—屏片像;2—反射器后焦点;3—反射器前焦点和透镜焦点;4—屏片

利用椭圆式反射镜(CAL)结合光学投影技术,使 PES 前照灯只需要不超过 28 cm^2 的发射表面来投射光分布图案,而此前的常规前照灯却要很大的发射面才能做到。反射物体投影的屏幕可精确确定明/暗截止线。根据各个特殊的要求,这种明/暗过渡可设计成强度突然变化或逐渐变化,使它能得到任何所要的几何形状。如图9-18所示。

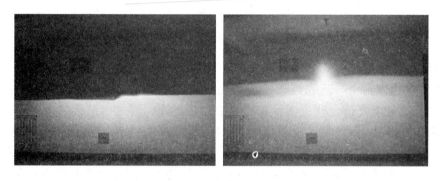

图9-18　PES投射光分布实例

二、自适应前照灯控制系统(Adaptive Front-lighting System,简称 AFS)

AFS是一种智能灯光调节系统。通过感知驾驶员操作、车辆行驶状态、路面变化以及天气环境等信息,AFS自动控制前照灯实时对前照灯的灯光角度进行调整,为驾驶员提供最佳道路照明效果。

作为一种主动安全系统,AFS受到越来越多的关注。AFS在很多装备氙气前照灯的国产中高级轿车中都有使用,如奥迪A6、A8,北京奔驰新E级,华晨宝马3、5系,东风日产天籁·御系列,丰田锐志,一汽大众迈腾等。

AFS主要控制内容为前光水准控制、照明模式控制、转向随动控制。

1)前光水准控制

前光水准控制也称为照明距离自动调节(自动对光、ALS 或 DHL),欧洲经济委员会制定的车辆零部件法规强制要求装备 HID 放电灯的车辆必须实现自动调光,自动调光包括静态调光、动态调光和路面识别(见图9-19)。

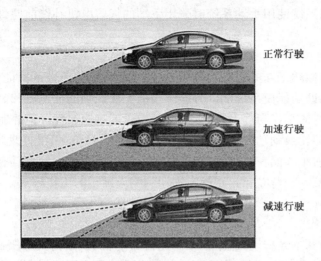

图 9-19　前光水准控制

静态调光:根据静载荷变化(乘员数量/位置/后备仓物品载重)自动调整光照高度。

动态调光:根据车速和行车过程中(急加速、急减速、上下坡等)车身高度的动态变化来改变车灯的俯仰角,以保证合理的照射距离。

路面识别:在各种颠簸路面和短时间路面冲击(减速路障)下,前照灯照射距离不会进行频繁调整,防止驾驶员眼睛疲劳。

典型的照明距离自动调节系统包括以下部件(见图 9-20):

① 车轴上的传感器,能精确测出车辆的倾角。

② 电控单元(ECU),能利用传感信号算出车辆的姿态数据,与规定值进行比较,将偏差值作为控制信号传给前照灯伺服电机。

③ 伺服电机能将前照灯调整到正确角度。

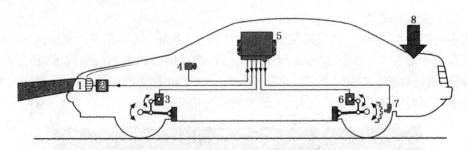

图 9-20　前灯水平动态自动控制系统原理示意图

1—前灯;2—执行器;3—前悬挂行程传感器(车前高度传感器);4—灯开关;5—电控单元;
6—后悬挂行程传感器(车后高度传感器);7—车速传感器;8—负载质量

(1) 静态系统

除悬挂装置传感器来的信号外,静态系统还收到 ABS 控制单元电子测速电路送来的速度信号。根据这些信号,控制器即可判定车辆是静止不动,或速度有变化,还是在恒速行驶。以静态原理为基础的自动系统总有非常大的响应惯性,因此只对长时间记录的倾角作修正。每当车辆开动,系统就开始修正前照灯角度,以补偿载荷的任何变化;当车辆进入稳态工作,第二轮修正就开始。静态系统使用手动系统时采用手动的伺服电机补偿前照灯当时的纵向角度与规定值之间的偏差。

(2) 动态系统

动态自动系统有截然不同的两种工作模式,能在所有行驶条件下保证前照灯的合理定向。其速度信号分析的辅助功能使系统能区分静态校准无法识别的加速度和制动。车辆在静止或**恒速状态下**,动态系统的工作与静态系统一样,有极大的响应惯性。但控制器一旦记录到加速**或制动信号**,系统立即转换到动态模式。与静态校准不同的是,信号处理速度快,伺服电机的**调整速度高**,光束照射距离能在几分之一秒内调整好,保证驾驶员一直具有高效监视交通情况所需的清晰视野。加速或制动之后,系统自动回到响应延迟的工作模式。

2) 照明模式控制

(1) 乡村道路模式

乡村道路模式为基本光型模式,车辆在高速公路上行驶,因为具有极高的车速,所以需要前照灯比乡村道路照得更远,照得更宽。高速路上照射距离更远,灯光更汇聚,亮度更强,如图 9-21 所示。

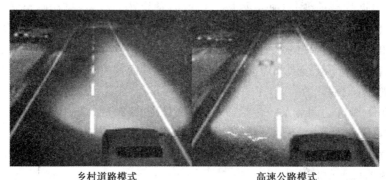

乡村道路模式　　　　　　　　高速公路模式

图 9-21　高速公路照明模式

(2) 城市道路模式

城市中道路复杂、狭窄。传统前照灯近光如图 9-22 所示,因为光型比较狭长,所以不能满足城市道路照明的要求。AFS 在考虑到车辆市区行驶速度受到限制的情况下,将左灯光轴向左下方旋转,提高驾驶员左侧人行道上的照明,可以产生如图 9-22 所示的比较宽阔的光型,有效地避免了与岔路中突然出现的行人、车辆可能发生的交通事故。

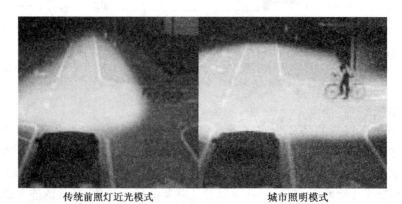

传统前照灯近光模式　　　　　　　　城市照明模式

图 9-22　城市照明模式

（3）恶劣天气模式

雨/雪/雾天时，通过压低、分散前照灯的照明角度，防止在车前形成聚光，减小光线通过地面积水反射对迎面车辆造成眩光的效应，同时提高驾驶员近前方和左右侧的照明（见图 9-23），保证行车安全。

图 9-23　恶劣天气照明模式

3）转向随动控制

如图 9-24 所示，转向时传统前灯的光线车辆行驶方向保持一致，不可避免地存在照明的暗区。一旦在弯道上存在障碍物，极易因为司机对其准备不足而引发交通事故。转向随动控制使车辆在进入弯道时，根据汽车车速、方向盘转角以及横摆角速度，动态调整前照灯旋转角度，保证弯道的安全照明范围。

在前照灯的投射模块内装有一个电机，该电机可在车辆转弯时在水平方向上改变灯光照射方向。前照灯透镜和支架并不转动。灯光转动的角度在转弯方向的内侧可达约 15°，在外侧可达 7.5°（见图 9-25）。这个角度变化可使车辆在转弯时得到更好的照明效果。这时灯光转弯内模块的转动角是外模块的 2 倍，这样就可在相同灯光强度的情况下，得到最大的照亮范围。

图 9-24　转向随动控制

当车速低于 6 km/h 时，前照灯内的投射模块不会回转。当车速超过 10 km/h 时，灯光回转的角度主要取决于方向盘转动的角度，这样就可以满足在车辆静止时不得摆动前照灯灯光的法律规定。同时，当车在这种低速状态进行加速时，在转向角度不变的情况下，可以使得前照灯的偏转均匀过渡。

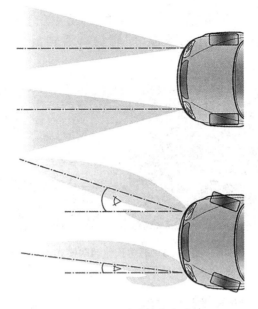

图 9-25　随动转向角度

前照灯调节控制单元通过 CAN 总线获取方向盘转角传感器的转角信号和转速信号、轮速传感器给出的轮速信号、侧向加速度传感器的行驶方向等信息,根据汽车的车速(轮速)、方向盘转角信号和汽车的实际转向状态确定前照灯的偏转角度。车速高则偏转速度快,转向角度大,偏转角度也随之增大。灯光随着汽车行驶方向的改变而随动,保证始终照在汽车将要行驶到的地方,通常可以使驾驶员提前 5 s 发现弯道上的障碍物。

奥迪轿车前照灯随动调整装置电路如图 9-26 所示。

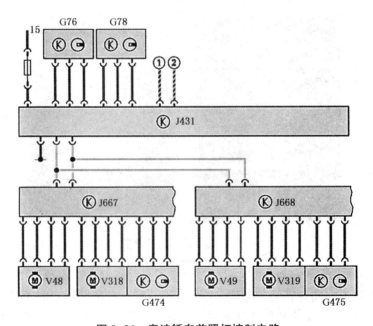

图 9-26　奥迪轿车前照灯控制电路

J431：弯道灯和前照灯光线水平调整的控制单元
J667 和 J668：左、右前照灯功率模块
V48 和 V49：左、右前照灯照明距离调整伺服马达
V318 和 V319：左、右动态转向灯伺服马达
G76 和 G78：方向盘转角传感器和车速传感器
G474 和 G475：左、右翻转模块位置传感器
① 连接 CAN 总线。
② 连接自诊断系统。
15 到点火开关为系统供电。
奥迪轿车前照灯随动调整装置执行器如图 9-27 所示。

图 9-27　随动控制前照灯

技能操作

一、前照灯的检测

照明技术近年发展很快，如今的前照灯已经不是单纯的只有灯光开关、继电器和灯泡了，它可以根据外界环境的明暗自动打开、关闭前照灯，可以根据车身的姿态自动调整灯光的高度，可以根据转弯的角度、速度自动完成灯光的随动，甚至在会车时可以自动调整灯光的亮度和高度。要实现这些功能就需要一套完整的灯光管理系统，通常由前照灯的控制单元或车身控制模块完成。因此在对前照灯故障检测时，首先要通过检测仪调取故障码，为进一步检修提供方向。

不同车型都有其对应的检测仪，如大众通常用 AS 505X 系列，通用使用 Tech2 等。下面以别克轿车为例说明前照灯的检测方法。

1）Tech2 的连接

Tech2 是美国通用公司提供给它的特约维修站使用的原厂检测仪（见图 9-28），能测世界范围内

图 9-28　Tech2 检测仪
1—主机；2—GM32M、PCMCIA 卡；
3—110 V 变压器；4—数据连线、自检接头；
5—数据接头（OBDII 接头、北美 12/19
针接头、RS232 接口自检接头）；
6—点烟器接线；7—操作手册

通用的所有车型,具有强大和全面的检测功能。

将 Tech2 检测仪如图 9-29 所示连接。

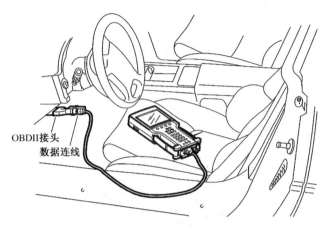

图 9-29 Tech2 检测仪连接

2) 读取故障码

(1) 接通电源,仪器进入自检状态,屏幕进行"SYSTEM INITIANLIZING(系统初始化)"约 4 s;当仪器发出一声蜂鸣提示音后,屏幕将会显示仪器的版本信息。

(2) 按回车键进入主菜单,屏幕显示:F0—诊断,F1—服务程序系统,F2—显示捕捉数据,F3—工具选项,F4—启用。

(3) 选择 F0 功能,进入车辆规格选项,通过移动光标键选择年款。按回车键,进入车辆系统,选择合适类型,再按回车键进入系统选择菜单,屏幕显示:F0—发动机动力,F1—车身,F2—底盘,F3—诊断电路检查。选择 F1 车身检测,并读出故障码。

3) 故障分析

(1) 灯光开关故障

灯光开关无法控制近光灯打开或熄灭。通过解码器读取故障码 DTC[①]B257A00,表示前照灯开关输入信号相关性,车身控制单元(BCM)沿前照灯开关 OFF 电路或前照灯 ON 电路接收到非预期信号。参照图 9-30,依照以下步骤测试。

电路/系统测试:

① 点火关闭,断开 S30 前照灯开关线束连接器。测试是否有小于 5 Ω 的电阻存在于接地电路端子 6 和接地之间。

如果高于规定值,测试接地电路有无开路/电阻过高现象。

② 连接 S30 前照灯开关线束连接器。

③ 断开 K9 车身控制模块(BCM)上的 X1 线束连接器。

④ 在 B+和信号电路端子 16 之间连接一个测试灯。

⑤ 将前照灯开关转到近光和关闭位置之间。前照灯开关循环时,测试灯应启亮(ON)和熄灭(OFF)。

如果测试灯一直不亮,那么测试信号电路是否对电压短路或开路/电阻过高。如果电路测

---

① DTC:Diagnostic Trouble Code 的缩写,表示"故障码"。

学习单元9 前照灯故障的检测与修复

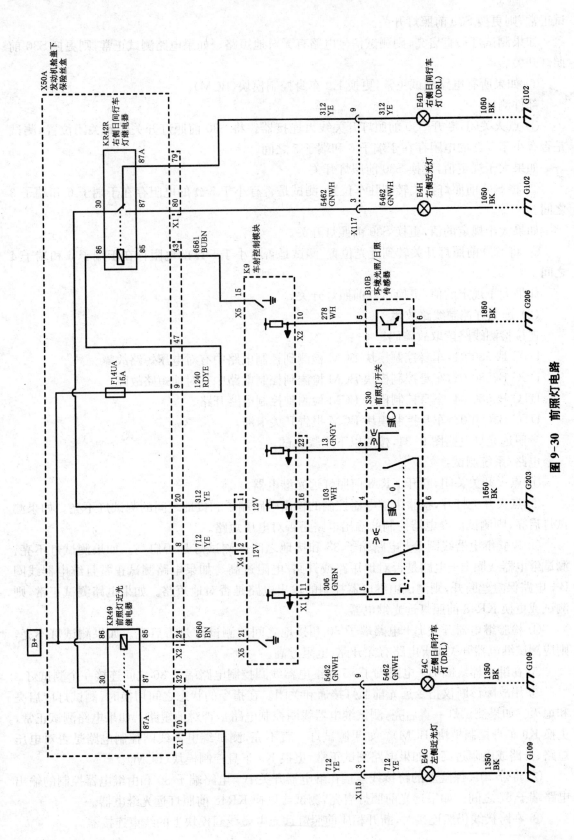

图 9-30 前照灯电路

试正常,则更换 S30 前照灯开关。

如果测试灯一直启亮,则测试信号电路有无对地短路。如果电路测试正常,则更换 S30 前照灯开关。

⑥ 如果所有电路测试正常,更换 K9 车身控制模块(BCM)。

部件测试:

① 点火关闭,断开 S30 前照灯开关线束连接器。将 S30 前照灯开关转到关闭位置,测试是否有小于 5Ω 的电阻存在于端子 6 和端子 5 之间。

如果大于规定值,更换 S30 前照灯开关。

② 将 S30 前照灯开关转到驻车位置,测试是否有小于 5Ω 的电阻存在于端子 6 和端子 3 之间。

如果大于规定的值,更换 S30 前照灯开关。

③ 将 S30 前照灯开关转到近光位置,测试是否有小于 5Ω 的电阻存在于端子 6 和端子 4 之间。

如果大于规定的值,更换 S30 前照灯开关。

(2)远光灯控制线路故障

连接检测线路读取故障码。

DTC B2580 01:车身控制模块 BCM 检测到控制电路中有对电压短路故障。

DTC B2580 02:车身控制模块 BCM 检测到控制电路中有对地短路故障。

DTC B2580 04:车身控制模块 BCM 检测到控制电路开路。

DTC B3650 08:车身控制模块 BCM 报告开关卡滞。

参照远光灯电路图 9-31,按照以下步骤测试。

电路/系统测试:

① 点火开关关闭,断开 KR48 前照灯远光继电器。

② 点火开关打开,检验由继电器控制的输出电路端子和接地之间的测试灯不亮。如果测试灯启亮,则测试由继电器控制的输出电路是否对电压短路。

③ 检验继电器线圈 B+电路端子 85 和接地之间的测试灯是否启亮。如果测试灯不亮,测试继电器线圈 B+电路是否对地短路或开路/电阻过高。如果电路测试正常且继电器线圈 B+电路保险丝断开,则测试由继电器控制的输出电路是否对地短路。如果电路测试正常,则测试或更换 KR48 前照灯远光继电器。

④ 检验继电器开关 B+电路端子 30 和接地之间的测试灯是否启亮。如果测试灯不亮,则应测试继电器开关 B+电路有无开路/电阻过高。

⑤ 在继电器线圈 B+电路端子 85 和继电器线圈控制电路端子 86 之间连接一个测试灯。

⑥ 用故障诊断仪指令远光前照灯接通和关闭。在指令的状态之间切换时,测试灯应启亮和熄灭。如果测试灯一直启亮,测试继电器线圈控制电路是否对地短路。如果电路测试正常,更换 K9 车身控制模块(BCM)。如果测试灯一直不亮,测试继电器线圈控制电路是否对电压短路、开路或电阻过高。如果电路测试正常,更换 K9 车身控制模块(BCM)。

⑦ 将带 20A 保险丝的跨接线连接在继电器开关 B+电路端子 30 和由继电器控制的输出电路端子 87 之间。如果远光前照灯启亮,测试或更换 KR48 前照灯远光继电器。

⑧ 在跨接线仍然连接时,断开相应前照灯远光电磁线圈模块上的线束连接器。

⑨ 检验远光前照灯控制电路端子 2 和接地之间的测试灯是否启亮。如果测试灯不亮,则应测试控制电路有无对接地短路、开路或电阻过高。

⑩ 检验前照灯远光电磁线圈模块接地电路端子 1 和 B+之间的测试灯是否启亮。如果测试灯不亮,则应测试接地电路有无开路或电阻过高。

⑪ 如果所有电路测试结果正常,则测试或更换前照灯总成。

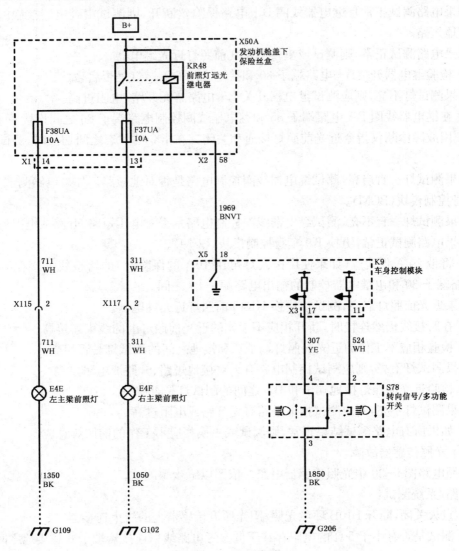

图 9-31 远光灯电路

(3) 近光灯控制线路故障

DTC B258A 01:近光控制电路对电池短路。

DTC B258A 02:近光控制电路对地短路。

DTC B258A 04:近光控制电路开路。

参照近光灯电路图 9-30,依照以下步骤测试。

电路/系统测试:

① 点火关闭,断开 KR49 前照灯近光继电器。
② 点火打开,检验由继电器控制的输出电路端子 87 和接地之间的测试灯不启亮。
如果测试灯启亮,则测试由继电器控制的输出电路是否对电压短路。
③ 检验继电器线圈 B+电路端子 85 和接地之间的测试灯是否启亮。
如果测试灯不亮,测试继电器线圈 B+电路是否对地短路或开路/电阻过高。
如果电路测试正常且继电器线圈 B+电路保险丝断开,则测试由继电器控制的输出电路是否对地短路。
如果电路测试正常,则测试或更换 KR49 前照灯近光继电器。
④ 检验继电器开关B+电路端子 30 和接地之间的测试灯是否启亮。
如果测试灯不亮,则应测试继电器开关 B+电路有无开路/电阻过高。
⑤ 在继电器线圈 B+电路端子 85 和继电器线圈控制电路端子 86 之间连接一个测试灯。
⑥ 用故障诊断仪指令近光前照灯接通和关闭。在指令的状态之间切换时,测试灯应启亮和熄灭。
如果测试灯一直启亮,测试继电器线圈控制电路是否对地短路。如果电路测试正常,更换 K9 车身控制模块(BCM)。
如果测试灯一直不亮,测试继电器线圈控制电路是否对电压短路、开路或电阻过高。
如果电路测试正常,更换 K9 车身控制模块(BCM)。
⑦ 将带 20 A 保险丝(如果使用卤素灯可用 10A 的保险丝)的跨接线连接在继电器开关 B+电路端子 30 和由继电器控制的输出电路端子 87 之间。
如果近光前照灯启亮,测试或更换 KR49 前照灯近光继电器。
⑧ 在跨接线仍然连接时,断开相应不工作的近光前照灯上的线束连接器。
⑨ 检验相应不工作的近光前照灯端子 3 和接地之间的测试灯是否启亮。
如果测试灯不亮,则应测试控制电路有无对接地短路、开路或电阻过高。
⑩ 检验近光前照灯接地端子和 B+之间的测试灯是否启亮。
如果测试灯不亮,则应测试接地电路有无开路或电阻过高。
⑪ 如果所有电路测试结果正常,则测试或更换相应不工作的前照灯总成。
(4)光照传感器故障
参照电路图 9-30 中光照传感器电路。依照以下步骤测试。
电路/系统测试:
① 点火关闭,断开 B10B 环境光照/阳光照度传感器上的线束连接器。
② 测试是否有小于 5 Ω 的电阻存在于低参考电路线束连接器端子 6 和接地之间。
如果高于规定的范围,测试低参考电压电路有无开路/电阻过高现象。
③ 连接 B10B 环境光照/阳光照度传感器上的线束连接器。
④ 断开 K9 车身控制模块(BCM)上的 X2 线束连接器。
⑤ 点火接通,测试是否有 4.8~5.2 V 的电压存在于信号电路 X2 线束连接器端子 10 和接地之间。
如果大于规定的范围,测试信号电路有无对电压短路。如果测试正常,更换 B10B 环境光照/阳光照度传感器。
如果小于规定的范围,测试信号电路有无对地短路或开路/电阻过高现象。如果测试正常,更换B10B环境光照/阳光照度传感器。

⑥ 如果所有电路测试正常,测试K9车身控制模块(BCM)。

部件测试:

① 点火接通,观察故障诊断仪上环境光照传感器的参数。读数应当介于1.4~4.5 V之间,并且随着环境光照的变化而变化。

② 在监控传感器电压输出时,通过改变环境光来测试B10B环境光照/阳光照度传感器。

③ 验证电压输出在规格范围内。

如果不在规定范围,更换B10B环境光照/阳光照度传感器。

不同车型可能使用的检测仪器会有不同,控制模块不同,对应的故障编码也不同,但检测故障的思路都是一样的。

(5) 变光开关故障

变光开关集成在转向灯多功能开关中,如图9-30所示。依照以下步骤测试。

① 点火关闭,断开转向S78信号/多功能开关上的线束连接器。

② 点火开关关闭,测试是否有小于5.0 Ω的电阻存在于接地电路端子3和接地之间。

如果高于规定的范围,测试接地电路有无开路/电阻过高现象。

③ 点火开关接通,核实故障诊断仪的前照灯闪光开关参数是否为"Inactive(未起动)"。

如果不是规定的值,测试信号电路端子4有无接地短路。如果电路测试正常,更换K9车身控制模块(BCM)。

④ 核实故障诊断仪远光选择开关参数是否为"Inactive(未起动)"。

如果不是规定的值,测试信号电路端子2有无接地短路。如果电路测试正常,更换K9车身控制模块(BCM)。

⑤ 将带3 A保险丝的跨接线安装在信号电路端子4和接地之间。核实故障诊断仪前照灯闪光开关参数是否为"Active(起动)"。

如果不是规定值,测试信号电路有无对电压短路或开路/电阻过高现象。如果电路测试正常,更换K9车身控制模块(BCM)。

⑥ 将带3 A保险丝的跨接线安装在信号电路端子2和接地之间。核实故障诊断仪远光选择开关参数是否为"Active(起动)"。

如果不是规定值,测试信号电路有无对电压短路或开路/电阻过高现象。如果电路测试正常,更换K9车身控制模块(BCM)。

⑦ 如果所有电路测试正常,则测试或更换S78转向信号/多功能开关。

二、前照灯的更换

1) 上海通用别克君威前照灯的更换

(1) 拆卸前保险杠蒙皮(见图9-32)。

(2) 拆卸前蒙皮保险杠上部紧固螺栓(数量:6)。

(3) 拆卸车轮罩下面前蒙皮保险杠紧固件(数量:左右车轮各3)。

(4) 拆除下方前蒙皮保险杠塑料卡夹(数量:4),前蒙皮保险杠紧固件(数量:2)。

(5) 拆除前蒙皮保险杠。

(6) 如图9-33所示,松开前照灯的4个紧固螺栓。

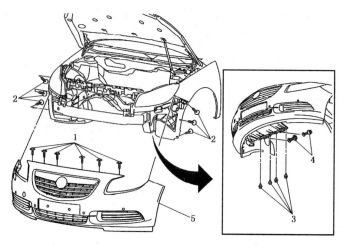

图 9-32 拆卸前保险杠蒙皮

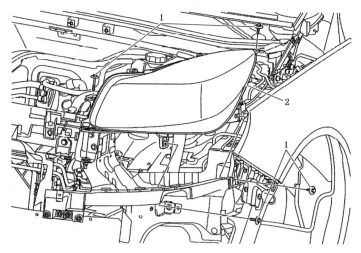

图 9-33 拆卸前照灯

(7) 向上向前拉,松开前照灯。

(8) 向前拉前照灯总成,露出电气连接。

(9) 断开电气连接。

(10) 拆卸前照灯总成。

2) 北京奔驰克莱斯勒 300 C 前照灯更换

(1) 断开并隔离蓄电池负极电缆。

(2) 打开发动机罩并拆下前照灯组件上部的两个装配螺钉(见图 9-34)。

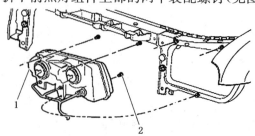

图 9-34 前照灯上部装备螺钉

(3)上部两个固定螺钉就在散热器的上部横梁前部(见图9-35)。

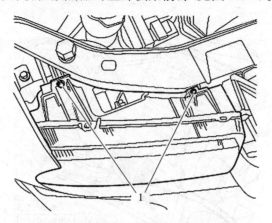

图9-35 前照灯上部固定螺钉位置

注:可能需要松开饰条一侧以便接近前照灯组件的下部固定螺钉。

(4)拆下下部前照灯组件的固定螺钉(见图9-36)。

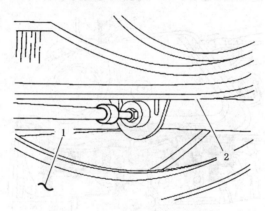

图9-36 前照灯下部固定螺钉

(5)断开插接器。
(6)将前照灯组件从车上分离开(见图9-37)。

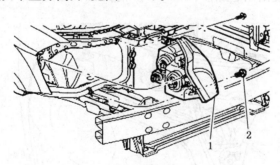

图9-37 前照灯的分离

3)一汽大众迈腾前照灯的更换
(1)关闭点火开关和所有用电器,取出点火钥匙或者松开位于位置0(前向锁定)的起动按钮。

（2）卸下散热器格栅和前保险杠盖板，松开前照灯多芯插头（如图 9-38 箭头所示）的连接，并将其拔下。

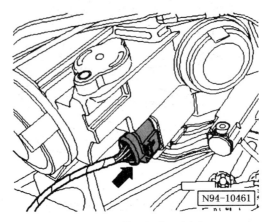

图 9-38　前照灯多芯插头

（3）旋出下部 3 个固定螺栓，如图 9-39 箭头所示。

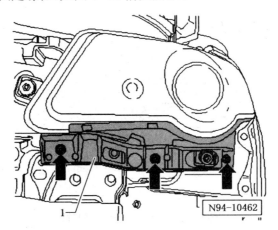

图 9-39　前照灯下端固定螺栓

（4）在前照灯上部旋出固定螺栓（如图 9-40 箭头所示）。

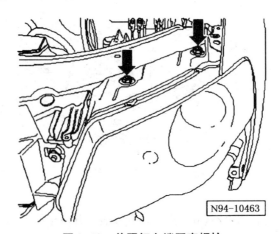

图 9-40　前照灯上端固定螺栓

(5) 在前照灯下部旋出固定螺栓(如图9-41箭头所示),从车身的开口中取出前照灯。

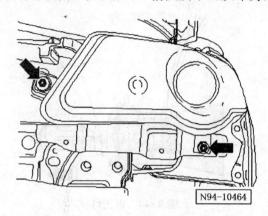

图 9-41　前照灯固定螺栓

3种车型前照灯总成的拆装各不相同,这是由于汽车的结构不同,前照灯的形状也不相同,必然导致拆装方法步骤不尽相同。但其中还是有很多共性的。针对前照灯的更换需要具体车型具体对待。

三、前照灯灯泡的更换

1) 普通卤素灯泡的更换

(1) 普通卤素灯泡的拆卸

① 关闭点火开关和所有用电器,取出点火钥匙或者松开位于位置0(前向锁定)的起动按钮。

② 拔下盖罩1。如图9-42所示。

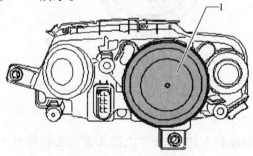

图 9-42　近光灯后罩盖

③ 沿箭头方向旋转带近光灯灯泡的灯座1,在导线长度许可的范围内,将其从前照灯中拉出。如图9-43所示。

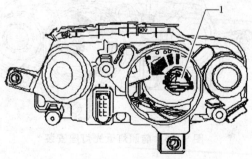

图 9-43　近光灯灯座

④ 将近光灯灯泡 2 以箭头方向从灯座 1 上拔下,如图 9-44 所示。

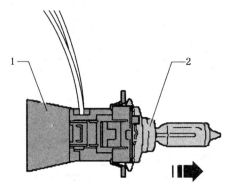

图 9-44 近光灯

(2) 普通卤素灯泡的安装

在安装时需要注意盖罩的正确安装位置,防止水进入前照灯内而导致损坏。在安装灯泡时不要接触灯泡玻璃,因为手指会在灯泡玻璃上留下油脂痕迹,在接通灯泡时蒸发,并使灯泡玻璃变得浑浊。

将近光灯灯泡插入灯座,使灯泡的轴颈 1 位于灯座的导向件 2 上,如图 9-45 所示。

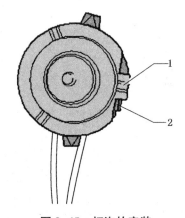

图 9-45 灯泡的安装

把带近光灯灯泡 1 的灯座装入前照灯,并以箭头方向旋转带近光灯灯泡的灯座(图 9-46)。重新装上盖罩。检查前照灯的功能。检查前照灯调节装置,必要时调整前照灯。

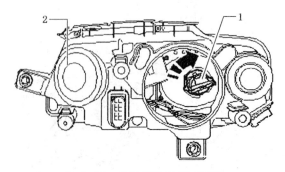

图 9-46 前照灯近光灯座安装

如果汽车安装有前光水平调节装置(照明距离调节装置),远光灯与近光灯是分开安装的,如图9-46位置安装远光灯,其更换方法与近光灯类似。如果没有安装前光水平调节装置,远光灯和近光灯常常做在一个灯泡里面。

不同车型卤素前照灯的更换方法会略有不同,具体操作应遵循维修手册。

2)氙气灯的更换

氙气灯又称为高强度放电灯,与卤素灯泡相比光强更亮、寿命更长、耗电量更少,近些年发展很快。

(1)氙气灯的拆卸

在氙气灯的玻璃泡中,压力可从7 bar①(冷态)直至100 bar(热态)。热的灯泡玻璃泡的温度可达到700 ℃,灯泡玻璃泡会爆炸并有烧伤的危险,拆卸和安装气体放电灯泡时务必使用护目镜和手套。

关闭点火开关和所有用电器,取出点火钥匙或者松开位于位置0(前向锁定)的起动按钮。

拆下前照灯,将钢丝夹1以箭头方向推向一侧(如图9-47所示)。

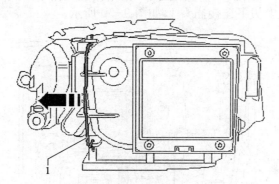

图9-47 前照灯固定钢丝夹

将带有前照灯电源模块2的盖罩1以箭头方向在导线长度许可的范围内从前照灯中拉出。不可从盖罩1中拧出前照灯电源模块2,如图9-48所示。

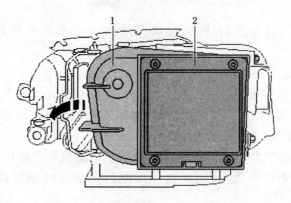

图9-48 拉开卤素灯后盖及电源模块

---

① bar:气压单位,等于一个大气压,为1.0×10^5 Pa。

松开插头连接,并拔下连接插头。如图9-49所示。

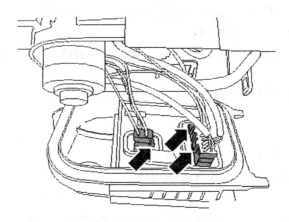

图9-49 电源模块连接插头

从气体放电灯泡2上拔下连接插头1,如图9-50所示。

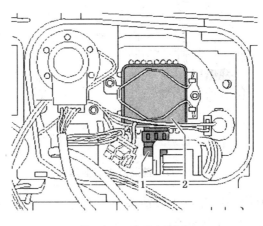

图9-50 氙气灯插头

松开钢丝弹簧夹1,并将其翻到一边。从支架中小心取出气体放电灯泡2,如图9-51所示。

(2)氙气灯的安装

安装以倒序进行,安装过程中要注意以下几点:

① 在安装气体放电灯泡时不要接触玻璃泡,因为手指会在玻璃泡上留下油脂痕迹,会在接通气体放电灯泡时蒸发,并使玻璃泡变得浑浊。

② 无论如何不能使气体放电灯泡的玻璃泡承受机械负荷。玻璃泡特别敏感,并且处在高压下。不要直接看平行的光束,因为气体放电灯的紫外线辐射量是普通卤素灯的2～3倍。

③ 在安装带有前照灯电源模块的支架时注意密封件的正确位置。如果有水进入前照灯,会导致损坏。

④ 如果要拆下带照明距离自动调节功能的前照灯,则在安装后要对前照灯进行基本设置。

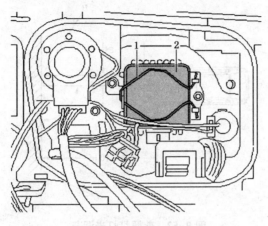

图 9-51　氙气灯弹簧锁夹

四、前照灯的灯光检查与调整

车辆前照灯的正确调节可采用近光灯优化道路照明,尽量减少对来车的眩光。因此,前照灯光束相对于路面的倾角和相对于通过车辆中心的垂直平面的光束角度必须满足规定的标准。

1) 前照灯调节前的准备工作

(1) 清除车上所有的冰雪或泥土。

(2) 车辆加满油。

(3) 停下所有其他维修工作。

(4) 如果车辆进行过任何维修,确保所有零部件在其原来位置。

(5) 车辆必须停放在平坦的地面。

(6) 当前照灯已与基准线对齐时,车辆左侧轮胎必须与从对光屏延伸出来的基准线对齐。

(7) 车上禁止装载货物。

(8) 车辆驾驶员座椅必须有约 75 kg 的载荷。

(9) 轮胎充气至恰当的压力。

(10) 如果车辆准备用于牵引重物或挂车,模拟车辆载重。

(11) 摇动车辆,以稳定悬架。

(12) 打开前照灯近光灯,观察屏幕高强度区域的左侧和上沿。高强度区域的边缘必须在标准内。

2) 前照灯灯光目视检查

如果每一前照灯对道路垂直面的照明距离越过 25 m,前照灯高度及以上处的照度不大于 1 lx,则视为眩光(近光)已经消除。如果前照灯根据规定的标准调节,则视作满足该要求。

主灯罩或夹持器显示参考近光调节的 1.0%。参考 1.0% 对应于前照灯参考光束倾斜角度的调节尺寸。在 10 m 的距离处车辆前照灯的倾角为 10 cm(如图 9-52、图 9-53)。近光前照灯的倾斜角度由明/暗比例来表示。调节前照灯的调节螺栓使灯光达到 h 线为明暗分界线即可。

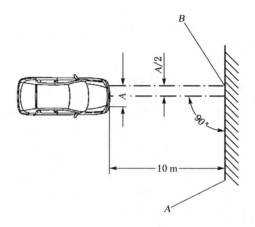

图 9-52 前照灯灯光调节

A—前照灯中心的水平距离

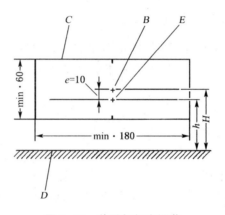

图 9-53 前照灯灯光调节

B—中心标记；C—试验表面；D—道路表面；E—分割点；
e—调节尺寸(cm)，$e=H-h$(调节尺寸，远光灯 1.0%，$e=10$ cm，前雾灯 2%，$e=20$ cm)；
H—前照灯中心离路面高度；h—近光灯明/暗边界线离路面高度

3）前照灯灯光调节器

前照灯调节用调节器根据标准进行，如图 9-54 所示。使用前照灯调节时，确保车辆轮胎接触道路，用于设置调节器的表面平整且相互平行。

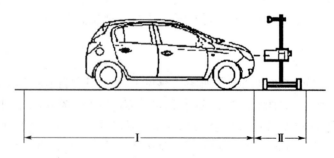

图 9-54 前照灯灯光调节

测量仪和车辆停放表面必须平整，地面倾斜不得超过 ±0.5 mm/m。

- Ⅰ＝±0.1 mm/m
- Ⅱ＝±0.5 mm/m

打开前照灯,接通检验仪电源,调节前照灯使灯光达到如图 9-55 状态。

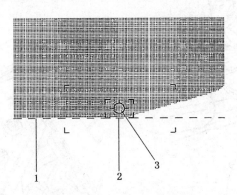

图 9-55 前照灯调节器

在近光灯接通时水平的明暗界线与检测面的分隔线 1 重合。明暗界线的左侧水平部分与右侧增高部分之间的转折点 2 是否在垂直线上穿过中心标记 3。光束明亮的核心部分必须在垂直线的右侧。

为较容易地测定转折点 2,反复遮挡住并放开前照灯左侧(从行驶方向看)的光线,紧接着再次检查近光灯。

根据规定调整了近光灯后,远光灯的光束中心必须在中心标记 3 上。

4) 前照灯的调整

(1) 普通卤素前照灯的调整

灯光调整时首先进行垂直调节,然后进行水平调节。水平调节后再次检查垂直调节。如图 9-56 所示,用相同的转数旋转调节螺栓 1 和 2,可以进行垂直调整。旋转调节螺栓 2 可以实现水平调整。

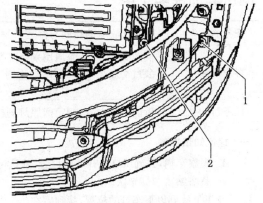

图 9-56 前照灯的调整(卤素灯)

(2) 氙气前照灯的调整

连接诊断测试器,如图 9-57 所示。

诊断步骤如下:

① 打开点火开关。

② 按下"引导型功能"。

③ 进行车辆识别。

④ 选择车辆系统"自动前照灯照明距离调节/转向灯"。

⑤ 选择功能"进行基本设置"并确认选择。

⑥ 按照测试仪的流程进行。

检查前照灯调节装置,必要时调整前照灯。调节如图 9-58 所示,通过用于高度调整的调节螺栓 A,通过旋转调节螺栓 A 和 B 相同的转数调节高度。

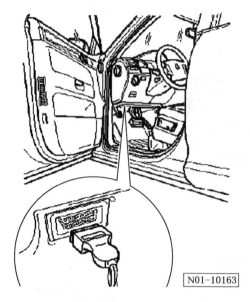

图 9-57　检测仪连接

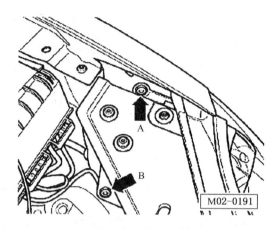

图 9-58　氙气灯的灯光调节

A—高度调节螺栓；B—高度/侧向调节螺栓

实训任务工单

任务名称	前照灯故障的检测与修复	计划学时	
客户任务	一辆2007年产上海通用别克陆尊3.0L多功能车，自动前照灯需要等到外界光线非常暗了才会自动点亮，而此前已经不得不手动打开前照灯，所以前照灯已经失去了自动功能的意义		
任务目的	分析前照灯电路，制定前照灯的检修计划，掌握前照灯的检测和调整方法		

一、理论知识准备

1. 观察车辆，并确认灯光开关的位置，确认远近光开关的位置。

2. 桑塔纳轿车灯光认识。

在车上找到以下车灯的位置，找到后在（　　）内画○。

前大灯　　（　　）　　前小灯　　（　　）

雾灯　　　（　　）　　转向灯　　（　　）

制动灯　　（　　）　　倒车灯　　（　　）

前后示宽灯（　　）　　危险报警灯（　　）

阅读灯　　（　　）　　行李箱灯　（　　）

3. 打开灯光开关，观察开关各个位置的作用。

在车上找到以下开关、指示灯的位置，找到后在（　　）内画○。

制动灯开关（　　）　　远近光开关（　　）　　转向灯开关（　　）

停车灯开关（　　）　　阅读灯开关（　　）　　门控开关　（　　）

远光指示灯（　　）　　转向指示灯（　　）　　雾灯指示灯（　　）

4. 识读电路图。

在如下电路图中找到远光灯的电路，并作出标示。

续表

灯光开关、点烟器

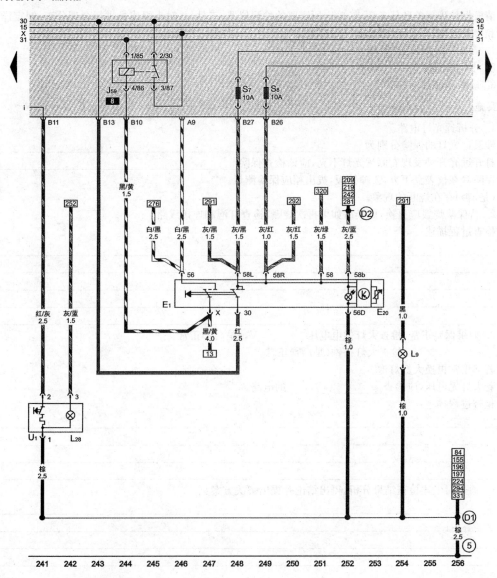

E1—灯光开关
E20—仪表板照明调节器
J59—X-接触继电器
L9—灯光开关照明灯
L28—点烟器照明灯
S7—左尾灯、左前停车灯保险丝,10 A
S8—右尾灯、右前停车灯、发动机舱照明灯保险丝,10 A
U1—点烟器

⑤—接地点,在中央电器左侧星形接地爪上

D1—接地连接线,在仪表板线束内

D2—连接线,在仪表板线束内

续表

二、计划

请根据故障现象和任务要求,确定所需要的检测仪器、工具,并对小组成员进行合理分工,制定详细的诊断和修复计划。

1. 需要的检测仪器、工具。
2. 小组成员分工。
3. 诊断和修复计划。

三、实施

1. 分析远光灯电路。

涉及远光灯的保险分别为_____。

打开远光开关发现右侧远光灯不亮,应该检查保险_____。

保险盒在仪表盘下方,去掉挡板,拔出相应保险测量。

(是/否)存在烧断的现象。

2. 若保险烧毁应更换,更换后如果再次烧毁,检查灯泡和连接线路。

检查过程描述:

_____

_____

_____

_____

3. 如果保险正常,检查大灯供电电压_____V,(是/否)正常。

检查大灯搭铁(是/否)正常。

若都正常更换大灯灯泡。

若大灯无电压,应检查_____的电路。

检查过程描述:

_____

_____

_____

4. 通过对上述检查结果分析,得出结论并提出解决方案:

_____

_____

_____

5. 远光灯修复后进行灯光调整:

(1)将被测车辆停置于检测仪前方并与屏幕垂直,使前照灯基准中心距离屏幕_____m,分别测量左、右前照灯,远、近光束的水平和垂直照射方位的偏移量,以及发光强度。

(2)请进行检测,并完成下列表格:

检测项目	检测数据	是否合格	措　　施
垂直偏差			
水平偏差			
发光强度			

续表

四、检查与总结

1. 修复后测量相关数据,存在问题及原因描述如下:
___
___
___

2. 通过对前照灯的检修与调整,做总结如下:
___
___
___
___

知识能力拓展

一、汽车用灯的编码知识

在汽车维修实践中经常会遇到一些灯泡的编号,诸如 H4、W5W、H7、T4W、P21W、R5W 等等,这些符号的含义到底是什么呢?

灯泡的这些编号源自欧洲经济委员会(ECE)第 37 号法规,是"关于机动车辆及拖车已认证灯组件中使用的灯丝灯泡认证的统一规定"。H 系列为卤素灯泡,用于前照灯或雾灯,其中 H4、H13 为双丝灯泡。12 V 灯泡功率通常在 55W。900 系列等同于 HB 系列,也属于卤素灯,用于前照灯的照明。R 系列白炽灯也可以做前照灯。W 系列可用于牌照灯、侧标志灯,5W 表示功率为 5W。R、C 系列用于尾灯、牌照灯等。P 系列用于倒车灯、转向灯等。D 系列的为氙气灯,用于前照灯和一些辅助的射灯,氙气灯泡的型号一般由 3 个字符表示,如常见的 "D1S""D2S",第一位 D 表示氙气灯,第二位为数字"1""2""3""4",单数表示带点火器,双数表示不带点火器,其中 1、2 为有汞设计,3、4 为无汞设计,最后一位为字母"S""R","S"表示用于投射性双光电子气体放电前照灯系统(有透镜),R 表示用于投射性双光电子气体放电前照灯系统(有反光碗),如图 9-59 所示。

D1R　　　　　D1S　　　　　D2S

图 9-59　氙气灯编号

D3、D4 与 D1、D2 外观一样,但底座缺口位置相反,由于应用了新型的环保无汞设计,所以电压不同,D1、D2 的电压为 85 V,而 D3、D4 电压为 45 V,不可混用。

二、HID 改装

HID 改装就是将原车灯中卤素灯换为氙气灯,以期实现氙气灯的照明效果。HID 改装最初起源于日本,后来从台湾、香港等地引入大陆。由于市场上已经推出适配 H7、H4、H3、H1、HB3、HB4 等卤素灯泡的氙气灯泡,也使得 HID 改装几乎适用于所有车型。

事实上,HID 改装并不是直接换灯泡那么简单,直接更换存在很大的安全隐患。

(1) 由于氙气灯泡与原卤素灯泡的大小、尺寸都不尽相同,发光部分必然偏离了焦点位置,而且不是针对 HID 开发的 PES 系统,无法把光束聚集起来,反而会降低前照灯的使用效果,同时引起严重的散射,导致会车眩目的可能性大大提高。

(2) 高温会把原本的灯座反光镀层烧掉(氧化)。

(3) 由于 HID 改装更改了原车的电路,一旦产品出现质量问题,很可能引起短路起火等事故。

在欧洲,法规已明确规定 HID 改装为非法,只是对整个前照灯系统的更换,即更换前照灯总成才被视作为合法,并且还必须同时配备前照灯清洗装置及前照灯自动调节装置(详见欧洲经济委员会 ECE‐R48 条款)。

三、HID 灯组的选择

1) 色温的选择

色温 3 000 K 黄色光,强穿透力;4 200 K 白中带黄;原车配氙气灯 5 000 K 光全白;欧洲规定最高色温为 6 000 K,光全白,略带蓝色;阳光下的白天 7 000~8 000 K 白中明显带蓝;8 000 K 以上蓝光,穿透力极差。色温是人眼对发光体或白色反光体的感觉,和亮度没关系,亮度只是和流明值有关,色温越高,颜色越蓝,但穿透力就差了,特别是在雨雾天视距会大大降低,这也是几乎所有原厂的氙气灯色温都只有 4 000 K 出头的原因。而色温 8 000 K,甚至 10 000 K,蓝得吓人的氙气灯,实用性很差。高色温的 HID 灯管寿命比较短,4 300 K 的灯管寿命为 3 200 h,5 100 K 与 6 000 K 的灯管大约是 2 000 h,色温高达 10 000 K 的灯管,它的寿命应该只有标准产品的 1/2。

有的高端车辆上的氙气灯看起来也很蓝,有时候甚至会发紫,是靠高质量的透镜投射出的切割线的颜色,并不是靠高色温。做工良好的氙气灯透镜,除了聚光性能好,色彩变换也相当漂亮,随着路面起伏,远看色彩会闪现紫色和蓝色,近看就是和日光一样色温的纯白光。

2) 透镜的选择

近光光型和透镜有关,好的透镜投射出来的明/暗切割线明显,平整度好,两边不会下垂。好的双光透镜能兼顾近光和远光投射(如图 9-60),而较普通的透镜近光切割线模糊,远光涣散,投射范围小。

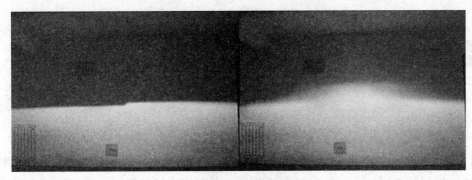

图 9-60　前照灯投影

案例剖析

故障现象：一辆 2008 年产上海通用别克陆尊 3.0 L 多功能车，据用户反映，即使外界光线非常好，该车的自动前照灯也会常亮，如果手动关闭前照灯，多功能驾驶员信息中心 DIC 上会显示"建议打开前照灯"。

检查分析：陆尊装备的自动前照灯与君威的自动前照灯不同。陆尊的自动前照灯没有单独的灯光控制单元，而是由车身控制单元 BCM 控制，而且可以通过前照灯开关实现手动关闭。与君威自动前照灯相似之处是也有一个光照强度传感器，安装于前挡风玻璃下方、仪表台前方，通过感知外界光线强弱来控制自动前照灯的点亮。

使用故障诊断仪 Tech2 进入车身控制单元，查看到光照强度传感器的数据为 4.78 V，遮挡或使用手电光照射传感器时，数据基本没有变化。而正常情况下，光照强度传感器被遮挡（光线暗）时的数据为 4.78 V，而光线强时的数据为 2.26 V。拆下仪表板前方的装饰板，检查光照强度传感器，与此传感器并排安装在一起的还有防盗指示灯（LED）和自动空调光照传感器。断开前照灯的光照强度传感器线束插头，测量两线之间的电压为 5 V。再观察自动空调光照传感器，该传感器与前照灯的光照强度传感器的区别是颜色不同，前照灯的光照传感器是透明的，空调的光照传感器是黑色的，二者的形状基本相同，线束插头也相同，如果互换位置也可以安装，由此想到该车的两个光照传感器是否安装错误。进入空调系统，查看光照传感器的数据显示为 100%，对于遮挡和手电光照射也同样没有反应，测量空调光照传感器线束插头两端子之间的电压为 10 V。

参照电路图上的线色，故障就基本清楚了，两个光照传感器的线束插头确实互相插错了，陆尊的车身控制单元 BCM 的传感器使用 10 V 参考电压，而空调使用的是 5 V 参考电压。调换两个传感器的插头后再通过 Tech2 查看数据。光线强时，自动前照灯光照传感器的数据为 1.0 V，光线暗时为 4.8 V。光线强时，自动空调光照传感器数据为 100%，光照弱时为 25%。

故障排除：将两个光照传感器的插头正确装复后，试车故障排除，看来确实是插头引起的故障。这两个传感器线束插头相同，传感器的安装孔和形状也差不多，所以容易造成误装，希望维修人员引起注意。

技能掌握

1. 前照灯的类型以及各自特点。
2. 总结前照灯维修的思路。

学习单元 10　雾灯不亮的检测与修复

雾灯的作用就是在雾天或者雨天能见度受天气影响较大的情况下改善视距,因此雾灯的光源需要有较强的穿透性。一般车辆用的都是卤素雾灯或氙气雾灯。雾灯包括前雾灯和后雾灯,很多车辆出于成本上的考虑,只配置后部雾灯,目的是大雾情况下行车给后车有较明显的提示,减少追尾事故发生。

雾灯内部没有遮光罩,雾灯的光线由灯罩内的反射杯约束,照射向车辆的斜前下方,保证驾驶者能够看清前方近距离的路面状况而又不造成眩光。通常雾灯安装在保险杠以下(见图10-1),有时也会和前照灯装在一起形成一个灯组(见图10-2)。如果装的位置过高,灯光很难穿透雨雾照亮地面情况,因为雾气在 1 m 以下一般比较稀薄。

图 10-1　雾灯

图 10-2　雾灯和前照灯

学习目标

1. 掌握雾灯的更换。
2. 掌握雾灯的故障检修方法。

任务载体

2009 款别克君威左前雾灯不亮,右前雾灯正常。

相关知识

雾灯主要由光源和反射镜构成,结构与前照灯有很多相似的地方。雾灯设计主要是用来改善雾天、雪天、雨天或尘土天气时的路面照明,所以对雾灯的穿透性和照射量就提出了很高的要求。针对穿透性通常使用白色或黄色的光源,提高灯光的穿透能力。对于照射量通常使用大功率的卤素灯泡或氙气灯泡,配合优秀的反射镜或 PES 模式,提高照射量。

通过优化反光镜结构,使光线通过反射镜直接生成形状一定的光束而无须借助特殊成型的透镜,还能产生设置良好的明暗分界(向不同方向投射的光线分隔线),而不必依靠另外的光屏做分隔。前雾灯的灯泡被深深罩住(见图10-3),因而照射量大增,散布宽度也最大。

图10-3 雾灯

技能操作

一、雾灯的检测

1) 前雾灯的检测

前雾灯电路如图10-4所示。前雾灯继电器一直用蓄电池电压供电,按下前雾灯开关,前雾灯开关信号电路瞬时接地,通过车身控制模块(BCM)使前雾灯继电器控制电路接地,前雾灯继电器通电。当前雾灯继电器通电时,蓄电池电压通过前雾灯保险丝为前雾灯供电。在起动前雾灯开关的同时,车身控制模块通过串行数据向仪表板组合仪表(IPC)发送信息,请求仪表板组合仪表(IPC)启亮前雾灯指示灯。

连接诊断仪,点火接通,执行前雾灯继电器指令测试,前雾灯应当正常启亮/熄灭。执行组合仪表所有指示灯测试接通和关闭测试,前雾灯指示灯应当启亮/熄灭。

前雾灯不正常时应做如下检测:

(1) 关闭点火开关,断开前雾灯相应的线束连接器,E29LF 雾灯—左前、E29RF 雾灯—右前。

(2) 测试是否有小于 5 Ω 的电阻存在于相应前雾灯接地电路线束连接器端子 2 和接地之间。如果高于规定值,测试接地电路有无开路/电阻过高现象。

(3) 断开 KR46 前雾灯继电器。

(4) 点火接通,测试是否有小于 0.3 V 的电压存在于信号电路端子 87 和接地之间。如果大于规定值,测试信号电路有无对电压短路。

(5) 点火开关关闭,测试信号电路端子 87 和接地之间的电阻是否为无限电阻。如果小于规定值,测试信号电路有无接地短路现象。

(6) 测试是否有小于 5 Ω 的电阻存在于信号电路端子 87 和相应的前雾灯连接器端子 1 之间。如果高于规定值,测试信号电路有无开路/电阻过高现象。

(7) 如果所有电路测试正常,更换 KR46 前雾灯继电器。

雾灯指示灯的检测：

(1) 点火接通,用故障诊断仪指令组合仪表所有指示灯测试接通和关闭。在指令的状态之间切换时,前雾灯指示灯应启亮(ON)/熄灭(OFF)。

(2) 如果前雾灯指示灯一直亮或一直不亮,更换 P16 仪表板组合仪表(IPC)。

(3) 如果前雾灯指示灯在启亮和熄灭之间切换,更换 K9 车身控制模块。

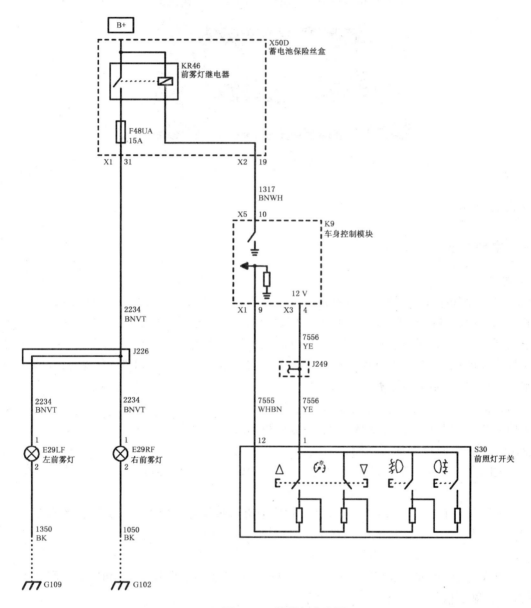

图 10-4　前雾灯电路图

2) 后雾灯的检测

后雾灯电路如图 10-5 所示,通过按下后雾灯开关,使后雾灯开关信号电路瞬时接地。车身控制模块向启亮后雾灯的后雾灯供电电压电路通电。在起动后雾灯开关时,车身控制模块通过串行数据向仪表板组合仪表(IPC)发送信息,请求仪表板组合仪表(IPC)启亮后雾灯指示灯。

后雾灯故障检测步骤如下：

(1) 点火关闭，断开 K9 车身控制模块(车身控制模块)上的 X1 和 X3 线束连接器。

(2) 测试是否有小于 0.3 V 的电压存在于 X3 线束连接器上 12 V 电压参考电路端子 4 和接地之间。如果大于规定的值，测试 12 V 参考电压电路有无对电压短路现象。

(3) 测试是否有小于 0.3 V 的电压存在于 X1 线束连接器上信号电路端子 9 和接地之间。如果大于规定值，测试信号电路有无对电压短路。

(4) 测试 X1 线束连接器上信号电路端子 9 和接地之间电阻是否为无限大。如果小于规定值，测试信号电路有无接地短路现象。

(5) 测试 X3 线束连接器上 12 V 电压参考电路端子 4 和接地之间是否有无限电阻。如果小于规定的值，测试 12 V 参考电压电路有无对地短路现象。

(6) 按住后雾灯开关按钮。

(7) 测试是否有 80~120 Ω 的电阻存在于 X1 线束连接器上信号电路端子 9 和 X3 线束连接器上 12 V 电压参考电路端子 4 之间。

如果不在规定的范围内，测试 12 V 参考电路和信号电路有无开路/电阻过高现象。如果电路测试正常，则更换 S30 前照灯开关。

(8) 如果所有电路测试正常，更换 K9 车身控制模块(车身控制模块)。

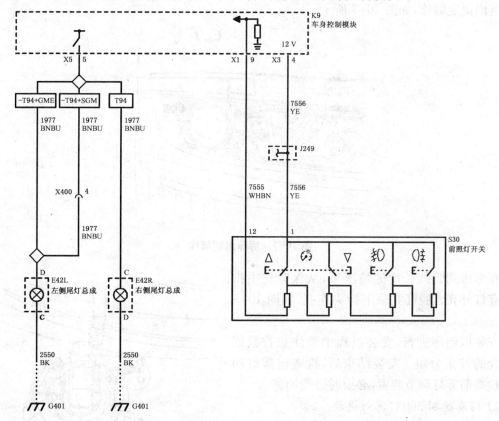

图 10-5　后雾灯电路图

二、雾灯的更换

雾灯的拆装根据结构形式不同有很大区别,有的直接可以更换,有的则必须拆卸保险杠。

1) 一汽大众迈腾轿车雾灯的更换

关闭点火开关和所有用电设备,取出点火钥匙或者松开位于位置0(前向锁定)的起动按钮。拧出固定螺栓1,从后保险杠盖板内脱出上盖板2,如图10-6所示。

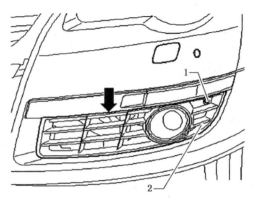

图10-6 盖板的拆卸

旋出固定螺栓,如图10-7所示。

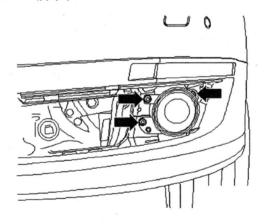

图10-7 拆除固定螺栓

在考虑到管线长度的情况下,从保险杠中拉出前雾灯外壳。脱开并取下插头连接,如图10-8所示。

安装以倒序进行,安装过程中要注意拧紧固定螺栓的拧紧力矩。安装结束后,检查前雾灯功能。检查前雾灯调节装置,必要时进行调整。

2) 梅赛德斯300 C雾灯更换

（1）断开并隔离蓄电池负极电缆。

（2）打开发动机罩,拆下散热器的上部盖板

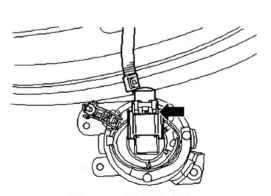

图10-8 拆卸雾灯插座

(1~4),如图10-9所示。

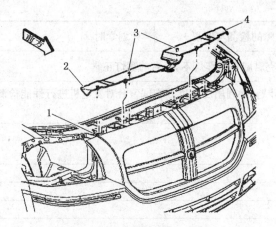

图10-9 拆卸散热器上盖板

(3)拆下上部6个保险杠杠皮固定紧固件。
(4)从保险杠杠皮后面,断开线束插接器。
(5)拆下两个雾灯组件装配紧固件。
(6)拆下雾灯组件1,如图10-10所示。

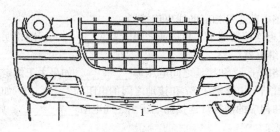

图10-10 雾灯拆卸

三、雾灯灯泡的更换

断开雾灯灯泡插座上的前灯电气线束接头。逆时针拧下灯泡灯座,拆卸灯罩。如图10-11所示。

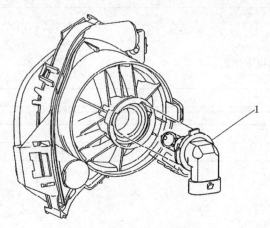

图10-11 雾灯灯泡的拆卸

实训任务工单

任务名称	雾灯故障的检测与修复	计划学时	
客户任务	2009 款别克君威左前雾灯不亮,右前雾灯正常		
任务目的	制定工作计划,并利用发电机万能试验台对发电机进行性能检测,判定发电机是否能够继续使用		

一、理论知识准备

   1. 雾灯功用是_____。

   2. 雾灯电路解读:_____
_____
_____

二、计划

请根据检测任务要求,确定所需要的检测仪器、工具,并对小组成员进行合理分工,制定计划。

   1. 需要的检测仪器、工具。

   2. 小组成员分工。

   3. 诊断和修复计划。

三、实施

   1. 点火关闭,断开下图中前雾灯相应的线束连接器。

   2. 前雾灯接地电路线束连接器端子 2 和接地之间电阻_____。问题说明:_____。

   3. 断开 KR46 前雾灯继电器。

   4. 点火接通,信号电路端子 87 和接地之间电压为_____。如果大于规定值,_____。

   5. 点火开关关闭,测试信号电路端子 87 和接地之间的电阻为_____。如果小于规定值,_____。

   6. 信号电路端子 87 和相应的前雾灯连接器端子 1 之间电阻_____。如果高于规定值,测试信号电路有无开路/电阻过高现象。

   7. 如果所有电路测试正常,更换 KR46 前雾灯继电器。

   8. 通过对上述检查结果分析,得出结论并提出解决方案:_____
_____
_____
_____

四、检查与总结

   1. 检查发电机输出电压。

   2. 通过检查分析,得出以下结论:
_____
_____
_____
_____

续表

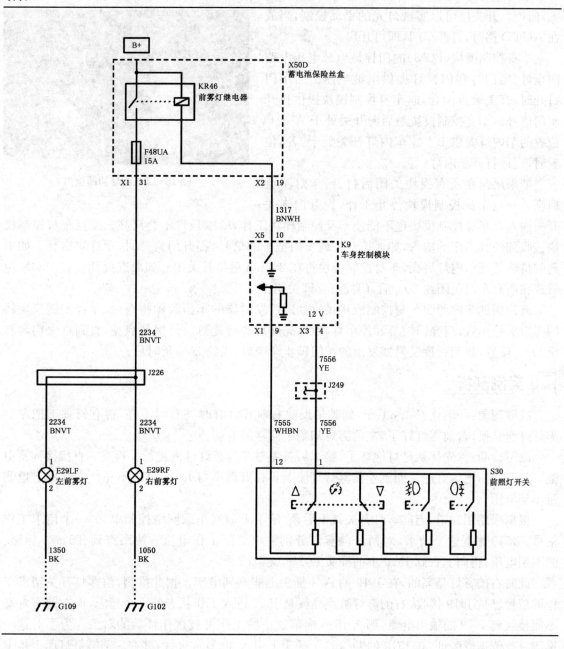

知识能力拓展

汽车除了前照灯、雾灯、倒车灯等外部照明设备之外,还有车内照明系统,包括发动机舱照明、驾驶舱照明、后备箱照明。其中有不乏人性化的设计,提高了汽车的舒适性、安全性和操作的方便性。

发动机舱灯和后备箱照明灯都由舱门门控开关控制,当发动机舱或后备箱打开时灯亮,关闭时灯灭。

室内照明灯如图 10-12 所示,有 3 个挡位开、关、门控。开关挡可以实现灯光的手动控制,当放在 AUTO 挡时,打开车门,即可开启。

车身控制模块(BCM)的门控灯电源电压电路向顶灯、尾门灯和门控灯提供电池电压。当车门打开时,开关触点闭合,向车身控制模块提供打开车门信号。车身控制模块然后向开关处于 AUTO 位置的车内灯提供 B+。车内灯开关处于 ON 位置时,直接打开车内灯。

如果尾门在所有模块关闭后打开,顶灯不会启亮。一旦车身控制模块停止工作,提升门未关

图 10-12 顶灯和阅读灯

开关输入到车身控制模块也不能使车身控制模块工作,所以顶灯不会启亮。一旦车身控制模块接收到使其工作的输入,如遥控开关或车门把手的信号,提升门打开时,顶灯将启亮。如果驾驶员疏忽使车内灯启亮,车身控制模块将在 20 min 后将其关闭。如果点火开关置于 ON 位置或在所有车门关闭约 20 s 后,门控灯立即关闭。

遥控钥匙车内照明车身控制模块接收到遥控发射器的车门解锁指令后,车身控制模块将闪烁数次停车灯,启亮门控灯和停车灯,以低亮度启亮近光灯。灯保持启亮,直到点火钥匙转至 OFF 位置,收到遥控发射器发出的车门锁止命令后,或约 20 s 延时后。

案例剖析

故障现象:一辆途安 1.8T 车,驾驶员反映右前雾灯有时亮有时不亮,曾有修理工把左右雾灯灯泡互换,右前雾灯好了,左前雾灯却犯了同样的毛病。

故障诊断:首先怀疑是灯泡坏了,接车后首先对左前雾灯灯泡进行了检查。直接接到蓄电池,亮度正常,把该灯泡装回到左前雾灯灯座上再打开前雾灯开关,灯泡不亮。在灯座上也测量不到电压。

根据线路图知道,当前雾灯开关接上后,它给了 U519(车载网络控制单元)一个请求工作信号。J519 根据这个请求,对两个前雾灯分别输出二路工作电流。按图查到 T5aa/1 插座。测不到电压,再向上查到 J519 上的插头 D/2 也无电压。

此时右前雾灯是亮的,在 J519 的 A/4 插头上能测到电压。据此推测,前雾灯开关请求工作的信号已被 J519 接收,右前雾灯被点亮就是 J519 进入工作状态的一个标志,而左前雾灯却不能接收到 J519 的输出电流,那么 J519 内部这一段工作可被视作怀疑的对象。为了对这一推测寻找依据或旁证,在 J519 的 D/2 这一插头上引入 30 号常火线,并在左前雾灯灯座上接上一个小灯泡,小灯泡是亮的,为防止此线上有虚接的地方,再接上一个前照灯远光,也是亮的。当我们满怀信心把原来那只拆下来的左前雾灯灯泡接上去的时候,却不见它亮。用万用表测量它的通断时,却得到了一个 53 Ω(冷态)的阻值,而这个阻值却远远高于 55 W 雾灯 0.6 Ω(冷态)阻值。

当然,用它直接接在蓄电池上也是不会亮的,实际接到蓄电池后确实也不亮。当把所有线路恢复原样,在打开前雾灯开关的情况下,用一个新的前雾灯灯泡(在蓄电池上试验时是亮的)换下那个有问题的灯泡时,右前雾灯是亮的,左前雾灯还是不亮,再测它的电压还是没有。在

把前雾灯开关关闭后再打开时,左右前雾灯都亮了。这是途安车上雾灯和其他行驶灯的一个特点,当用灯电路发生断路或短路时,J519车载网络控制单元在经过短暂冷(灯泡不工作)、热(灯泡工作)检测后,会自动切断该灯泡所在电路电流的供应。这也是在电路图中或车上找不到雾灯保险丝和雾灯继电器的原因。

故障排除:在这起故障排除过程中,在对前雾灯供应电源检测时,若我们用一个小灯泡作为试灯来检测雾灯电路是否有电,J519也都不能对小灯泡供应电流。这也就是说,当电路中出现不正常的负载时,J519控制单元同样也会拒绝供电。这样一些传统的检测方法就需要改进。

左前雾灯发生故障时,组合仪表中间的显示屏会用文字告诉你这个故障,同时也切断了左前雾灯的电源供应。当故障排除后,冷热检测没有发现有不正常情况,仪表显示屏的"故障显示文字"会被自动删除,同时恢复对左前雾灯的供电。

本车的故障主要出在前雾灯灯泡上,它有一个飘忽不定的冷态电阻值(曾测到4个冷态阻值,其质量和性能将作进一步研究),最大达到95 kΩ。它们所表达的灯光负载,有些是在J519允许范围内,大多数都不在J519工作范围内,因此灯光就会出现有时亮有时不亮的现象。再加上途安车J519车载网络控制单元智能型控制方法,导致故障比较奇特。

技能掌握

1. 雾灯故障的检测方法。
2. 雾灯的改装与更换。

学习单元 11　转向信号灯的检测与修复

汽车转向信号灯主要用来指示汽车的转向方向,其灯光信号采用闪烁的方式,用来指示车辆左转或右转,以引起其他车辆和行人的注意,提高车辆的安全性。当遇有特别情况,所有转向信号灯同时闪烁,此时它作为危险警告信号。

转向灯通常装在前照灯灯组和尾灯灯组内,如图 11-1 所示。有的车型还装配有侧转向灯,安装在汽车的侧面或后视镜上,如图 11-2 所示。

图 11-1　转向灯

图 11-2　侧转向灯

学习目标

1. 掌握转向灯系统的检修。
2. 掌握汽车信号灯的作用。
3. 掌握汽车信号系统的电路分析。

任务载体

别克君威右侧转向灯不亮,打开维修报警灯开关,报警灯正常。

相关知识

汽车外部的照明信号灯除了前照灯、雾灯转向灯外,还有制动灯、倒车灯、示宽灯等,通常都集中安装在前照灯灯组和尾灯灯组中。

不同车型的前照灯灯组形状千差万别,但通常都是由前照灯(包括远光灯和近光灯)、驻车灯(前小灯、前示宽灯)、转向灯构成(如图 11-3、图 11-4),有的车上还装配有日间行车灯,还有一些车辆把前雾灯也装入前照灯灯组。

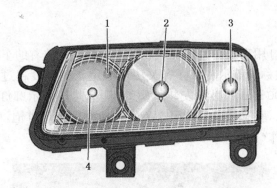

图 11-3 卤素前照灯

1—驻车灯；2—近光灯和日间行车灯（H7 卤素双丝灯泡）；
3—转向灯（橙色白炽灯泡）；4—远光灯和变光（H1 卤素单丝灯泡）

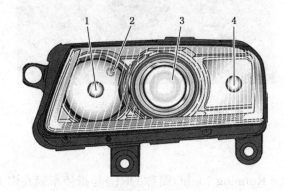

图 11-4 氙气前照灯

1—白天行车灯（使用白炽灯，灯光可调）；
2—驻车灯（通常选用蓝色灯泡，保证和氙气灯灯光颜色相同）；
3—氙气灯（远光、近光、变光）；4—转向灯（使用长寿命的灯泡）

尾灯灯组通常包含制动灯、尾灯（后示宽灯、后停车灯）、倒车灯、转向灯、后雾灯（如图 11-5）。

图 11-5 汽车尾灯灯组

一、驻车灯

驻车灯或称作停车灯用来确保其他车辆和行人能看到停放着的车辆。左右两侧各一个可以标示出车的宽度,也被称为前示宽灯。有关法规规定车辆宽度超过 1 600 mm 的必须安装侧标志灯,宽度超过 2 100 mm 的必须安装示廓灯,侧标志灯和示廓灯装在车辆的侧面,可以代替作为前驻车灯使用。驻车灯通常使用 5W 的小功率白炽灯灯泡,所以又称为前小灯。在灯光开关一挡的时候工作(如图 11-6 所示,中央的为灯光开关)。

图 11-6　灯光开关

二、日间行车灯

日间行车灯(Daytime Running Light,简称 DRL)是指使车辆在白天行驶时更容易被识别的灯具,装在车身前部。为了让其他车辆或行人更容易看到车辆开过来,属于信号灯。

日间行车灯要满足基本的亮度要求,但也不能太亮,以免干扰他人。其实日间行车灯的最大功效不是在于美观,而是在于提供车辆的被辨识性。在国外行车开启头灯,可降低 12.4% 的车辆意外,同时也可降低 26.4% 的车祸死亡概率。为提高行车安全性,欧盟规定自 2011 年起,欧盟境内所有新车必须安装日间行车灯。

日间行车灯大多采用的是卤素灯泡,但随着科技的进步,更多的开始采用 LED 作为日间行车灯的光源,能降低 35% 的电力消耗,可提高电瓶的使用寿命。

当汽车发动机一起动,日间行车灯则自动开启,并不断增加亮度以引起路上其他机动车、非机动车以及行人的注意。当夜晚降临,驾驶者手动打开近光灯后,日间行车灯则自动熄灭。

三、倒车灯

倒车灯用来在倒车的时候照亮车后的区域。手动变速器通常将倒挡等开关装在挡杆倒挡的位置,当挂上倒挡时挡杆顶开倒挡灯开关,自动变速器通常通过多功能开关给控制电脑倒挡的挡位信号,由电脑控制倒车灯电路。倒车灯只有在倒挡的时候才工作,电路如图 11-7 所示。

当变速器置于倒车挡时,倒车灯开关闭合,发动机控制模块(ECM)发送数据信息至车身控制模块(BCM)。该信息指示选挡杆处于"倒车挡"位置。BCM 向倒车灯施加电池电压。倒车灯永久接地。一旦驾驶员将选挡杆移出"倒车挡"位置,ECM 将通过数据发送信息,请求

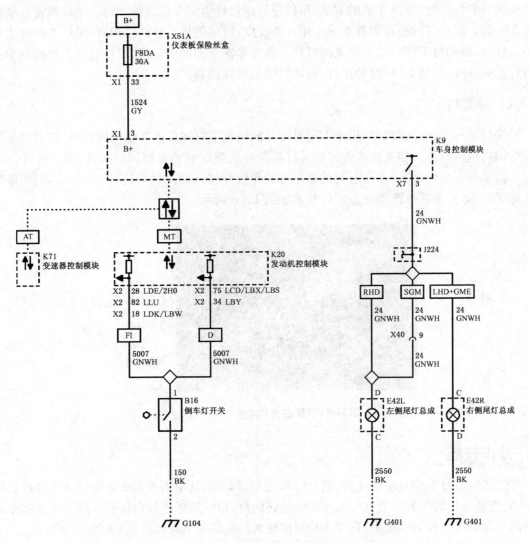

图 11-7 倒车灯电路

BCM 断开倒车灯控制电路的电池电压。

四、制动灯

制动灯亮时警告后面车辆该车正处于制动状态,制动灯为红色。制动灯开关装在制动踏板下或制动主缸上,发动机、变速器、ABS 自动系统都需要制动灯开关信号,用以反映汽车是否处于制动状态,是一个很重要的开关信号。当灯光的控制模块接收到制动灯开关信号时,接通制动灯电路。为了提高制动灯的醒目程度,欧洲规定新型车辆必须装备中央高位制动灯(如图 11-5)。

五、尾灯

尾灯主要用来帮助夜间行车时后方车辆看清前方车辆,灯光为红色,起到警示的作用。尾灯由灯光开关控制,只要打开灯光开关,无论在几挡尾灯一直亮。停车时打开尾灯,起到停车灯的作用,同时还可以显示车辆的宽度,所以尾灯还被称为停车灯或示宽灯。尾灯通常和制动灯装在一起。制动灯的亮度通常要大于尾灯的亮度,可以使用双丝的白炽灯,尾灯工作时用功率小的灯丝,制动灯工作时用功率大的灯丝。也有车辆使用两个灯泡,直接通过车灯控制单元调节灯泡的亮度,安装 LED 灯的尾灯/制动灯也是这样控制。

六、后雾灯

后雾灯是汽车的标配部件,用于在能见度差的情况下告知后面车辆的驾驶员"前面有车"。后雾灯用白色或红色。相关法规规定后雾灯必须和前照灯或前雾灯同时工作,而且前雾灯工作时可以关断后雾灯,所以在车上有前雾灯开关和后雾灯开关。如果只有一个开关,说明该车只装配了后雾灯,前雾灯需加装。雾灯开关如图 11-8 所示。

图 11-8 雾灯开关(装在方向盘左调节杆上)

操作技能

传统转向信号系统主要由开关、信号灯和闪光器组成,其中闪光器将蓄电池或发电机提供的 12 V 直流电压转变为一个脉冲电压提供给转向灯,得到闪烁的转向信号。现在许多轿车电路将闪光器集成到控制模块中,直接由控制模块为转向灯提供脉动电压(如图 11-4)。

有的在车身控制模块中(如别克君威),有的在车载电网控制单元(如速腾)等,这与车辆所使用的控制系统有关。不同车型控制单元不同,但实现的功能和原理基本相同。

转向灯电路如图 11-9 所示,转向信号灯只有在点火开关置于 ON(接通)或 START(起动)位置时,才能启亮。当转向信号/多功能开关置于向右转或向左转的位置时,通过右转向或左转向信号开关信号电路,向车身控制模块(BCM)提供接地。然后 BCM 分别通过前部和后部转向信号灯的电压供电电路,向这些转向信号灯提供脉动电压。当 BCM 收到转向信号请求时,串行数据信息发送至仪表板组合仪表,请求各自的转向信号指示灯通过脉动电压。

车身控制模块可以监测 BCM 是否收到开关请求,BCM 向转向灯的供电电路中存在短路还是断路故障,故障信息以故障码形式存储,连接解码器执行转向灯检测,读取故障信息对故障的判断有指导性意义。

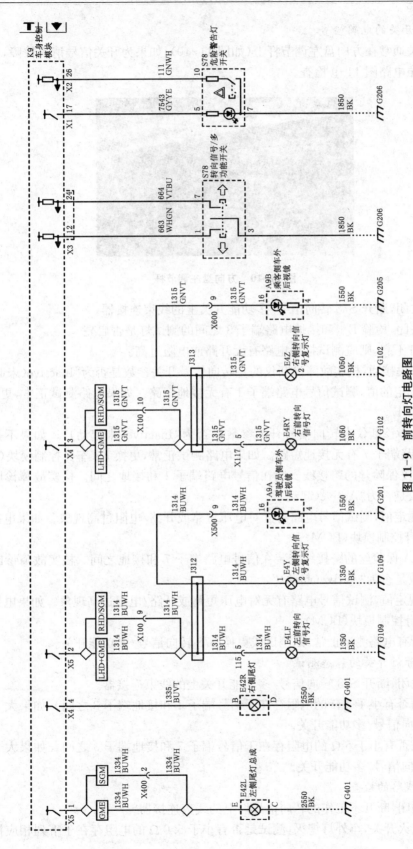

图 11-9 前转向灯电路图

1) 转向灯开关的电路检查

转向灯开关通常在方向盘左调节杆上(如图 11-10),如果为开关信号请求故障,需检查转向灯开关。参照电路图 11-9 检查。

图 11-10　方向盘左调节杆

(1) 点火关闭,断开 S78 转向信号/多功能开关上的线束连接器。

(2) 点火关闭,检验 B+和接地电路端子 3 之间的测试灯是否启亮。

如果测试灯不亮,则应测试接地电路有无开路或电阻过高。

(3) 点火开关接通,核实故障诊断仪的左转向信号开关参数是否为"Inactive(未起动)"。

如果不是规定的值,测试信号电路端子 1 有无接地短路。如果电路测试正常,更换 K9 车身控制模块(BCM)。

(4) 核实故障诊断仪右转向信号开关参数是否为"Inactive(未起动)"。如果不是规定的值,测试信号电路端子 7 有无接地短路。如果电路测试正常,更换 K9 车身控制模块(BCM)。

(5) 将带 3A 保险丝的跨接线安装在信号电路端子 1 和接地之间。核实故障诊断仪左转向信号开关参数是否为"Active(起动)"。

如果不是规定值,测试信号电路有无对电压短路或开路/电阻过高现象。如果电路测试正常,更换 K9 车身控制模块(BCM)。

(6) 将带 3A 保险丝的跨接线安装在信号电路端子 7 和接地之间。核实故障诊断仪右转向信号开关参数是否为"Active(起动)"。

如果不是规定值,测试信号电路有无对电压短路或开路/电阻过高现象。如果电路测试正常,更换 K9 车身控制模块(BCM)。

(7) 如果所有电路测试正常,则测试或更换 S78 转向信号/多功能开关。

2) 转向信号灯开关的静态测试

(1) 点火关闭,断开 S78 转向信号/多功能开关上的线束连接器。

(2) 测试是否有小于 5 Ω 的电阻存在于信号端子 1 和接地端子 3 之间。如果大于规定的值,更换 S78 转向信号/多功能开关。

(3) 测试是否有小于 5 Ω 的电阻存在于信号端子 7 和接地端子 3 之间。如果大于规定的值,更换 S78 转向信号/多功能开关。

3) 转向灯线路的检查

(1) 点火关闭,断开不工作的转向信号灯上的线束连接器。

(2) 关闭点火开关,车外灯熄灭,测试是否有小于 5.0 Ω 的电阻存在于下列相应接地电路端子和接地之间。
　　E42L:尾灯总成—左接地电路端子
　　E42R:尾灯总成—左接地电路端子
　　E4Y:转向信号复示灯—左接地电路端子2
　　E4Z:转向信号复示灯—右接地电路端子2
　　A9A:车外后视镜—驾驶员接地电路端子4
　　A9B:车外后视镜—乘客接地电路端子4
　　如果大于规定范围,测试接地电路是否开路/电阻过高。
　　(3) 在下列相应控制电路端子和搭铁之间连接一个测试灯。
　　E42L:尾灯总成—左控制电路端子
　　E42R:尾灯总成—左控制电路端子D
　　E4Y:转向信号复示灯—左控制电路端子1
　　E4Z:转向信号复示灯—右控制电路端子1
　　A9A:车外后视镜—驾驶员控制电路端子16
　　A9B:车外后视镜—乘客控制电路端子16
　　如果大于规定范围,测试接地电路是否开路/电阻过高。
　　(4) 用故障诊断仪指令相应的转向信号灯接通和关闭。在指令的状态之间切换时,测试灯应启亮和熄灭。
　　如果测试灯一直亮着,测试控制电路是否对电压短路。如果电路测试正常,更换K9车身控制模块(BCM)。
　　如果测试灯一直不亮,那么测试控制电路是否对地短路或开路/电阻过高。如果电路测试正常,更换K9车身控制模块(BCM)。
　　(5) 如果所有电路测试均正常,则更换相应的转向信号灯总成。
　　4) 危险报警灯的检修
　　当车辆出现特殊情况时,打开维修报警灯开关,所有转向灯同时闪烁,警示路人或其他车辆。危险警告闪光灯可以在任意电源模式起动。当危险警告灯开关打开,通过危险警告开关信号电路向车身控制模块(BCM)提供请求信号。BCM向所有转向信号灯提供脉冲电压。
　　(1) 点火关闭,断开S26危险警告灯开关上的线束连接器。
　　(2) 点火关闭,检验B+和接地电路端子7之间的测试灯是否启亮。
　　如果测试灯不亮,则应测试接地电路有无开路或电阻过高。
　　(3) 点火开关接通,核实故障诊断仪危险警告灯开关参数是否为"Inactive(未起动)"。
　　如果不是规定的值,测试信号电路端子10有无接地短路。如果电路测试正常,更换K9车身控制模块(BCM)。
　　(4) 将带3A保险丝的跨接线安装在信号电路端子10和接地之间。核实故障诊断仪危险警告灯开关参数是否为"Active(起动)"。
　　如果不是规定值,测试信号电路有无对电压短路或开路/电阻过高现象。如果电路测试正常,更换K9车身控制模块(BCM)。
　　(5) 如果所有电路测试正常,则更换S26危险警告灯开关。

实训任务工单

任务名称	转向信号灯的检修	计划学时	
客户任务	桑塔纳轿车左侧前后转向信号灯不亮的检修调整		
任务目的	分析转向灯电路,制定转向灯的检修计划,掌握转向灯的检测方法		

一、相关信息

    1. 观察桑塔纳 2000 轿车,并确认转向灯开关的位置。

    2. 观察桑塔纳 2000 轿车转向灯的位置。
    在车上找到以下车灯的位置,找到后在(　　)内画○。
    左前转向灯(　　)　左后转向灯(　　)　右前转向灯(　　)　右后转向灯(　　)

    3. 识读电路图。
    在如下电路图中找到转向灯的电路,并做出标示。

续表

灯光开关、点烟器

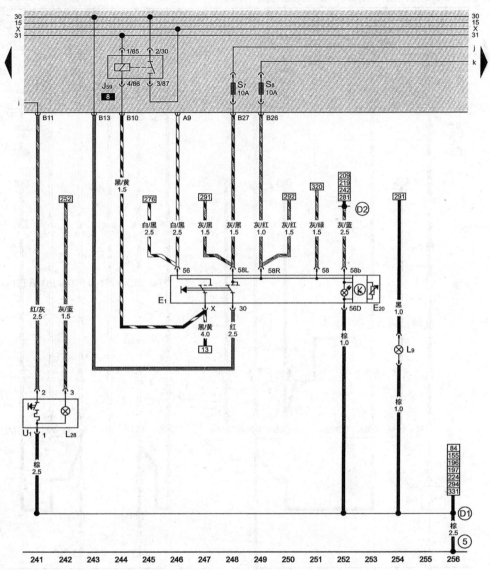

E1—灯光开关
E20—仪表板照明调节器
J59—X-接触继电器
L9—灯光开关照明灯
L28—点烟器照明灯
S7—左尾灯、左前停车灯保险丝,10 A
S8—右尾灯、右前停车灯、发动机舱照明灯保险丝,10 A
U1—点烟器
⑤—接地点,在中央电器左侧星形接地爪上
D1—接地连接线,在仪表板线束内
D2—连接线,在仪表板线束内

续表

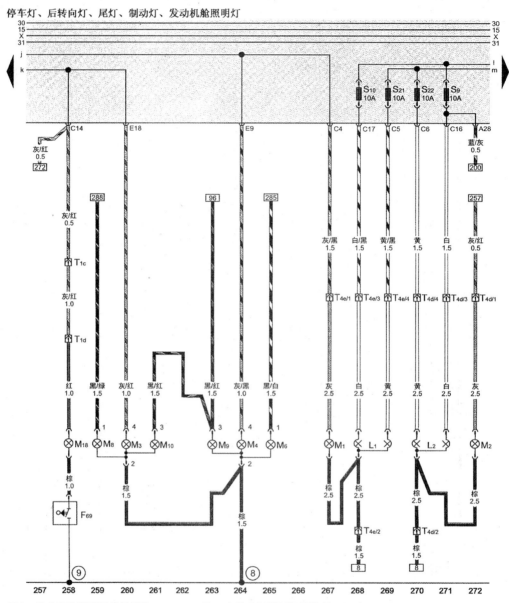

F69—发动机舱照明灯接触开关
L1—左前大灯
L2—右前大灯
M1—左停车灯
M2—右停车灯
M3—右尾灯
M4—左尾灯
M6—左后转向灯
M8—右后转向灯
M9—左制动灯
M10—右制动灯
M18—发动机舱照明灯

S9—右前大灯（远光）保险丝　10 A
S10—左前大灯（远光）保险丝　10 A
S21—左前大灯（近光）保险丝　10 A
S22—右前大灯（近光）保险丝　10 A
T1c—前大灯线束与发动机线束插头连接,4 针,在中央电器后面
T1d—发动机线束与发动机舱照明灯电线插头连接
T4d—前大灯线束与右前大灯插头连接,4 针,在右大灯上
T4e—前大灯线束与左前大灯插头连接,4 针,在左大灯上

⑧—接地点,在左组合后灯左侧车身上
⑨—自身接地

续表

变光开关、报警灯开关、前转向灯

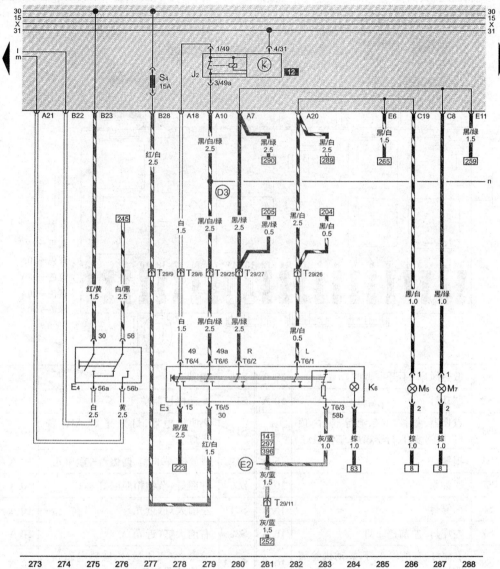

| 273 | 274 | 275 | 276 | 277 | 278 | 279 | 280 | 281 | 282 | 283 | 284 | 285 | 286 | 287 | 288 |

E3—报警灯开关
E4—变光开关
J2—转向灯继电器
K6—报警闪光指示灯
M5—左前转向灯
M7—右前转向灯
S4—报警灯保险丝、15 A
T6—仪表板开关线束与报警灯开关插头连接,6 针,在报警灯开关上
T29—仪表板线束与仪表板开关线束插头连接,29 针,在组合仪表下方
D3—正极连接线,在仪表板线束内
E2—连接线,在仪表板开关线束内

续表

4. 通过电路图查找保险和继电器的位置。
(1) 保险位置查找。
(2) 继电器位置查找。

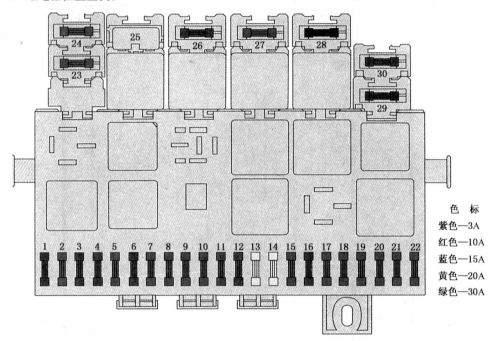

色　标
紫色—3A
红色—10A
蓝色—15A
黄色—20A
绿色—30A

S1	散热风扇(不开空调时)	30 A	S16	喇叭	15 A
S2	制动灯	10 A	S17	发动机控制单元	10 A
S3	点烟器、集控门锁、数字钟、内顶灯、后阅读灯、行李箱灯、遮阳板灯	15 A	S18	喇叭继电器、灯光开关、ABS警告灯	10 A
S4	报警灯	15 A	S19	收放机、转向灯、防盗器控制单元	10 A
S5	燃油泵	10 A	S20	牌照灯、杂物箱照明灯	10 A
S6	前雾灯	15 A	S21	左前大灯(近光)	10 A
S7	左尾灯、左前停车灯	10 A	S22	右前大灯(近光)	10 A
S8	右尾灯、右前停车灯、发动机舱照明灯	10 A	S123	喷嘴、空气质量计、碳罐电磁阀、氧传感器加热	10 A
S9	右前大灯(远光)	10 A	S124	后雾灯	10 A
S10	左前大灯(近光)	10 A	S125	电动摇窗机热保护器	
S11	前风窗刮水器、清洗泵	15 A	S126	空调鼓风马达	30 A
S12	电动摇窗机、ABS控制单元	15 A	S127	自动天线	10 A
S13	后窗除霜器	20 A	S128	电动后视镜	3 A
S14	空调继电器	20 A	S129	ABS液压泵	30 A
S15	倒车灯、车速传感器	10 A	S130	ABS电磁阀	30 A

续表

二、计划

请根据故障现象和任务要求,确定所需要的检测仪器、工具,并对小组成员进行合理分工,制定详细的诊断和修复计划。

1. 需要的检测仪器、工具。
2. 小组成员分工。
3. 诊断和修复计划。

三、实施

1. 分析转向灯电路。
涉及转向灯电路的保险分别为_____。
转向灯继电器名称为_____,为_____号继电器。
保险盒在仪表盘下方,去掉挡板,拔出相应保险测量。
(是/否)存在烧断的现象。
2. 转向继电器的检查。
检查过程描述:_____
_____
_____
_____

3. 检查转向灯的供电电压,或用试灯检查转向灯供电(是/否)正常,检查大灯搭铁(是/否)正常。若都正常,更换大灯灯泡。
4. 若转向灯无电,则检查转向灯开关。
检查过程描述:_____
_____
_____
_____
_____

5. 通过对上述检查结果分析,得出结论并提出解决方案:
_____
_____
_____
_____

四、检查与总结

1. 修复后检查转向灯、转向指示灯、危险报警灯是否正常并记录:
_____
_____
_____
_____

2. 通过对转向灯的检修做总结如下:
_____
_____
_____
_____

知识能力拓展

市场上有部分车为了降低成本省去了前雾灯,为了提高雨天、雾天的能见度和安全性,需加装前雾灯,加装主要分两步——雾灯开关的更换和前雾灯的安装。

一、雾灯开关的更换

原车装配的雾灯开关只有后雾灯挡位(如图 11-11),如果安装前雾灯需更换开关。

图 11-11　雾灯开关

将开关总成从车上拆下,拧下方向盘护罩下的 2 个紧固螺钉,用螺栓刀轻轻撬开护罩,如图 11-12 所示。

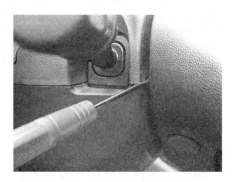

图 11-12　仪表护罩

旋下开关总成的紧固螺栓(如图 11-13)。

图 11-13　拆卸左控制杆

将开关总成拉出,拔下插头(如图 11-14)。

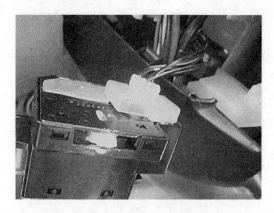

图 11-14 拆卸插座

换上新的开关总成并装复。打开灯光开关,将雾灯开关打到前雾灯的位置,观察仪表盘,雾灯指示灯亮了(如图 11-15)。

图 11-15 仪表显示

二、雾灯的安装

先拆下雾灯护板,可以看到雾灯的插头,如图 11-16 所示。

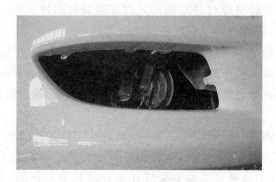

图 11-16 雾灯挡板

将车升起装上雾灯组件(如图 11-17)。

图 11-17　雾灯组件安装

如果车辆没有预留前雾灯的线路,就需要自己走线。介绍一种常用的方法,首先准备前雾灯开关,前雾灯 1 对,雾灯继电器(20 A),20 A 保险线,BRV(多芯双塑阻燃线)1.5 mm² 软电线 3 m,BRV 2.5 mm² 软电线 3 m,防水胶带 1 卷。

(1) 将汽车保险杠拆下,固定安装两只雾灯,并连接雾灯线束。

(2) 安装雾灯完毕后将保险杠原样装上,雾灯线束的一端直接接地(搭铁)。

(3) 将继电器(20 A 容量)和带座保险线固定安装在舱盖里的保险盒边。

(4) 拆开中控台左侧盖板,在驾驶室原雾灯开关旁边并列安装新雾灯开关。

(5) 剥开原雾灯开关上的供电线,在上面搭接一根 BRV 1.5 mm² 软电线接到新装雾灯开关从上往下数的第 1 根线上。

(6) 从新装雾灯开关从上往下数的第 3 根接线柱上接一根 BRV 1.5 mm² 软电线与发动机舱盖里新装继电器的线圈线一端连接。新装继电器的线圈,另一端出线直接接地。此时,新装的雾灯开关控制雾灯继电器功能已经实现,而且只能在开启小灯的状态下才能起动雾灯继电器。

(7) 从雾灯线束接 BRV 2.5 mm² 软电线与发动机舱盖里新装继电器的触点线一端相连,新装继电器的另一端触点线与新装带座保险线相连,新装带座保险的出线再与 12 V 电源总保险相连。此时,雾灯电源已接通,且雾灯已接收雾灯继电器和灯光开关的控制。

案例剖析

故障现象:广州本田三厢飞度打开左侧转向灯开关时转向灯不亮,开右侧转向灯则工作正常,打开危险警告开关时,系统也能正常工作。

故障分析:转向灯用的是 15 号熔丝,危险警告灯开关用的是 14 号熔丝。经检查,左右转向灯泡均良好,熔丝也正常。由于此车安装了防盗器,在用防盗器的遥控器遥控车锁时转向灯均亮,为此笔者怀疑是安装防盗器造成的,于是决定断开防盗器确定故障原因。但在将防盗器拆除后,故障依旧。

经询问用户得知,防盗器已经安装了 1 年有余,可转向灯的故障却是最近才出现的。通过仔细分析线路图和车辆的实际故障症状,笔者初步判定故障出在危险警告灯开关到蓄电池之间的线路上。在用数字万用表测量危险警告灯开关处的几个端子时,发现 1 号端子在打开点火开关时没电,正常情况下此端子应有 12 V 电压。但检查位于仪表板下熔丝盒内的 15 号熔丝正常,用数字万用表测量熔丝处也有 12 V 的电压。根据以上检测结果,可以判定故障出在仪表板下熔丝盒到危险警告灯开关 1 号端子的黄色导线上。

检查导线,找到故障点,原来是在加装防盗器时把主机固定在了此线的后部,这样在长时间的颠簸后,导致此线虚接,从而造成了上述故障的发生。

故障排除:在对防盗器的主机进行正确固定后,故障排除。

技能掌握

1. 汽车的信号灯有哪些?作用是什么?安装位置通常在哪里?
2. 转向灯的检查方法。

学习单元 12

挡风玻璃刮水器和洗涤器系统不工作故障的检测与修复

潮湿和有脏物的风窗玻璃会影响驾驶员的视线,挡风玻璃刮水和洗涤系统(见图 12-1)用来清洁挡风玻璃,保证驾驶员有足够的视野,保证汽车的行驶安全。

图 12-1 汽车挡风玻璃刮水器和洗涤器系统

学习目标

1. 掌握挡风玻璃刮水器的结构工作原理。
2. 掌握电机、刮水片的更换方法。

任务载体

上海通用别克君威刮水器不工作。

相关知识

一、刮水器的作用与要求

刮水器主要用于清除挡风玻璃上的水滴和脏物,保障驾驶员的视野,提高行车的安全。据国际驾驶安全调查显示:雨天驾车,由老化刮水器引起的交通事故率比平常高出大约 5 倍。刮水器对汽车的安全行驶,特别是雨天的行驶有重要的安全意义。

车上的刮水器要在特殊条件下工作 150 万次刮水周期(刮水片为 50 万次刮水周期)后还

能很好工作。为了形象地说明这个数字,即刮水器清洁的面积约为 200 个足球场面积那么大。载重汽车的刮水器甚至超过 300 万次刮水周期。为此,对刮水器提出如下要求:

(1) 刮水器和清洗器必须清洁下雨、下雪和脏污(矿物质的、有机的、生物的)时的前风窗玻璃,目前也包括清洁后风窗玻璃。

(2) 刮水面积和清洗的风窗玻璃面积必须要有法定的、一定的大小,以便驾驶员有足够的视野看到行车道边线、交通标志和交通信号灯。

(3) 刮水器质量可靠,尽可能避免由于迎面汽车引起的散射光和与此相关的眩目影响。

(4) 刮水器必须在高温达 80℃,低温达 -30℃ 时能轻声和长时间无故障工作。它应能间歇刮水,或能与下雨传感器配合使用。

(5) 刮水器必须有足够的耐腐蚀性。

二、刮水器系统

轿车前风窗玻璃的最重要的刮水器系统是法规所要求的视野面积确定的(如图 12-2)。

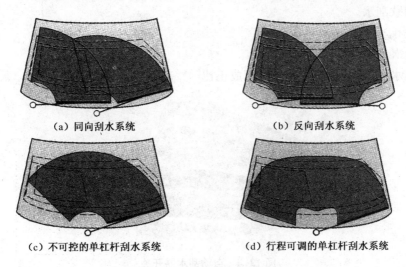

(a) 同向刮水系统　　　　　　　　(b) 反向刮水系统

(c) 不可控的单杠杆刮水系统　　　(d) 行程可调的单杠杆刮水系统

图 12-2　前风窗玻璃清洗系统

由以下系统组成:
(1) 同向刮水系统,如图 12-2(a)。
(2) 反向刮水系统,如图 12-2(b)。
(3) 不可控的单杠杆刮水系统,如图 12-2(c)。
(4) 可控的单杠杆刮水系统(带行程调节),如图 12-2(d)。

利用附加的刮水片调节器(平行四边形和一般的四角铰接)可以改变刮水面积。

三、刮水系统的结构

刮水器通常由驱动电机、换向传动机构、带有刮水片的刮水臂、刮水橡胶和刮水器开关构成。该开关大都与转向支柱组合在一起。整个刮水系统还有间歇继电器、延迟继电器和雨天传感器等。

刮水器开关通常在方向盘的调整臂上,刮水器的挡位如图12-3、图12-4所示。

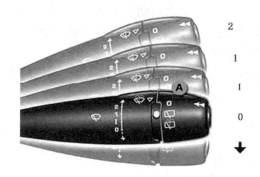

图 12-3　手动刮水器开关

2 表示快速刮水(大雨)。
1 表示慢速刮水(小雨)。
Ⅰ 表示间歇刮水。
0 表示关闭。
↓ 表示单次刮水(向下按)。
在间歇刮水位置时,刮水频率与车速成正比。

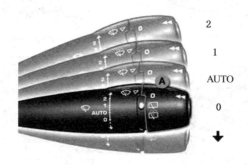

图 12-4　自动刮水器开关

2 表示快速刮水(大雨)。
1 表示正常刮水(小雨)。
AUTO 表示自动刮水(通过雨量传感器,自动调整刮水频度,与降水强度成正比)。
0 表示关闭。
↓ 表示单次刮水(向下按)。

刮水器的刮水频率是每分钟刮水器往复移动的次数。它必须达到法规要求。"速度Ⅰ"挡的最低刮水速度在欧洲为 10 次/min,在美国为 20 次/min。"速度Ⅱ"挡的最低刮水速度均为 45 次/min。

无间歇的风窗玻璃刮水在下小雨或下小雪时会有问题,因为在较干的风窗玻璃上刮水时,会使刮水唇产生不必要的磨损。用间歇继电器可使刮水器中间停顿,刮水器就不会在较干的风窗玻璃上滑动。间歇继电器是一个脉冲发生器,且脉冲时间序列可变。脉冲通过继电器控制刮水器电机转动,每个脉冲使刮水器往复移动一次。

更好的解决办法是使用自动刮水器,通过雨量传感器自动调整刮水器的频度,可以有效地减少刮水片的磨损。

四、雨量传感器(雨天传感器)

雨量传感器用来监测前风挡玻璃上的雨量,达到合理控制刮水器频度的目的,有时会和光强识别传感器安装在一起,如图 12-5 所示。

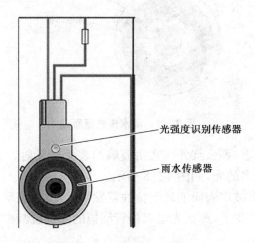

图 12-5　光照雨量传感器

雨水和光强度识别传感器装在前风挡玻璃上车内后视镜的安装底座内,如图 12-6 所示。

图 12-6　雨水和光强度识别传感器安装

使用雨水传感器就可以根据前风挡玻璃的沾水湿润程度,实现下面的功能:
(1) 刮水器分为多个速度挡位自动接通和关闭。
(2) 在下雨时自动接通行车灯。

当刮水开关置于"AUTO"(有的车上标示"Intervall")时,雨水传感器就被激活了。司机可以通过刮水器间歇工作调节器设定四个灵敏度,在本系统上不再需要参考刮水动作(激活雨水和光强度识别传感器时的刮水动作)。于是刮水开关就可以总是保持在"AUTO"(间歇)位置。出于安全考虑,只有在车速超过 16 km/h 或通过刮水器间歇工作调节器来改变其工作灵敏度时,雨水传感器才会被激活。同时,手动调节刮水挡位有优先权。

雨水传感器根据光折射的原理来判断前风挡玻璃的湿度情况(见图 12-7),该传感器内集成有环形的发光二极管,这个发光二极管在乘员舱内透过前风挡玻璃发射出红外线光。

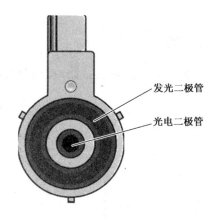

图 12-7　雨水传感器原理

如果玻璃处于干燥状态,那么红外线光由玻璃的表面来反射。于是集成在该传感器中央的光电二极管就漏掉了较多的光,如图 12-8 所示。

如果玻璃浸湿了,那么玻璃表面的光学特性就发生了变化,玻璃表面因水滴的作用会发生散射,于是反射的光量就减少了,那么光电二极管漏掉的光也就减少了(见图 12-9)。

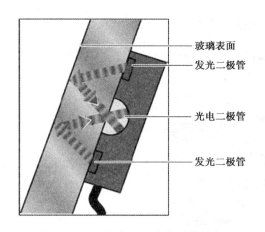 

图 12-8　干燥表面雨水传感器状态　　　　图 12-9　湿润表面雨水传感器状态

五、传动机构

传动机构采用串联或并联连接的四角铰节连杆。在刮水角度大或传动困难的情况下也采用十字杆或中间连接传动和可控的中间连接传动。

重要的是优化传动机构,通过调整作用力角度的大小或者通过调节靠近刮水器支点的加速角,可使刮水器运动接近简谐运动。

传动机构的发展趋势是,曲拐不需要回转,而只需不到半转的摆动,即"可逆技术"。这样杆系所需的运动空间可大大减小。驱动电机由电子控制,其摆动方向与刮水器摆动正好相反。

当安装传动杆有困难时,可用前面所说的"可逆技术",用两个各带有驱动电机(比单个驱动电机更小)的传动杆代替一个大的传动杆。

六、刮水臂

刮水臂(如图12-10)是刮水传动机构和刮水片间的连接件。它支撑刮水片和使刮水片贴在风窗玻璃上。刮水臂的固定部分大多为锌或铝铸件,要将刮水臂拧到刮水器支承轴的圆锥体上。刮水臂的另一端为弓形套钩,常为钢带,用以携带刮水片。除标准的刮水臂形式外,还有其他的刮水臂形式,其中有附加功能的特殊的刮水臂形式。

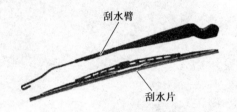

图 12-10 刮水臂和刮水片

七、刮水片

1) 常用刮水片

常用的刮水片(如图12-10)靠夹紧弯形件、两个外置的中心弹簧槽或一个内置的中心弹簧槽将刮水橡胶夹紧,并将刮水橡胶贴在风窗玻璃上。刮水片的长度为260～1 000 mm。夹紧弯形件和预拉紧弹簧槽通过它们的支撑点(支撑点数取决于刮水片长度)将压紧力均匀地分配在整个风窗玻璃上,刮水片与风窗玻璃形状协调。

固定(如弓钩固定、接插固定)的结合尺寸是标准的。出厂预装好的万能快速夹片适用于刮水臂的各种弓钩固定方式。这种快速夹片可以快速、简单地更换刮水片(如图12-11)。补偿刮水片悬置和铰接处间隙的措施,有助于刮水片低磨损工作。

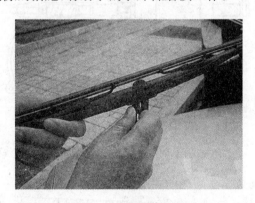

图 12-11 常用刮水片安装

2) 无铰链刮水片

无铰链刮水片(双气动刮水片,如图12-12)符合当今刮水片的发展趋势。在刮水橡胶上的垂直力的分布不再由常用的刮水片弯形件的铰接头和夹紧装置承担,而是由两个在风窗玻璃上专门协调的、预弯曲的弹簧槽(板弹簧槽)承担。弹簧槽还将刮水唇上的均匀压紧力作用到风窗玻璃上,从而减小刮水唇在风窗玻璃上的磨损并提高刮水质量。由于刮水片不采用中间弯形件和中心弯形件的结构形式,也就不会出现铰接处的磨损。同时,无铰接刮水片的结构高度低、质量轻、噪声小(低的风声)。刮水片与刮水臂简单的、适用的连接方式可保证刮水片工作时的可靠性和当需要更换刮水片时能很容易地更换。

图12-12 无铰链刮水片

八、刮水电动机

刮水电动机通常采用改变两电刷间串联的导体数的方法进行调速。

永磁式刮水电动机的结构如图12-13所示。其磁极为铁氧体永久磁铁,其磁场的强弱是不能改变的,为了改变工作速度可采用永磁三刷式电动机。

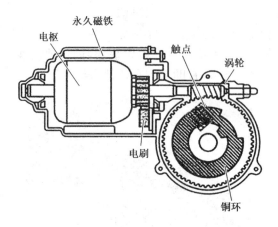

图12-13 永磁式刮水电动机的结构

1) 永磁三刷式电动机的变速原理

如图12-14所示,为永磁三刷式电动机示意图,电刷 B_3 为高、低速公用,电刷 B_1 用于低速,与电刷 B_1 位置相差60°处有一个用于高速的电刷段,电枢绕组采用对称叠绕式。

永磁式三刷电动机是利用3个电刷来改变正负电刷之间串联的线圈数实现变速的,其原理是:直流电动机工作时,在电枢内同时产生反电动势,其方向与电枢电流的方向相反。如要使电枢旋转,外加电压必须克服反电动势的作用。当电枢转速上升时,反电动势也相应上升,只有当外加电压几乎等于反电动势时,电枢的转速才趋于稳定。

三刷式电动机旋转时,电枢绕组所产生的反电动势如图12-15所示。当开关K拨向"L"

时，电源电压加在 B_1 和 B_3 之间，在电刷 B_1 和 B_3 之间有两条并联支路，一条是由线圈①、⑥、⑤串联起来的支路；另一条是由线圈②、③、④串联起来的支路。即在电刷 B_1、B_3 间有两条支路各 3 个线圈，这两路线圈产生的全部反电动势与电源电压平衡后，电动机便稳定旋转。此时转速较低。当开关 K 投向"H"时，电源电压加在 B_2 和 B_3 之间，从图中可以看出电枢绕组一条由 4 个线圈②、①、⑥、⑤串联，另一条由两个线圈③、④串联。其中线圈②与线圈①、⑥、⑤的反电动势方向相反，互相抵消后，变为只有两个线圈的反电动势与电源电压平衡，因而只有转速升高，使反电动势增大，才能达到新的平衡。故此时转速较高。可见两电刷间的导体数减少，就会使电动机的转速升高。

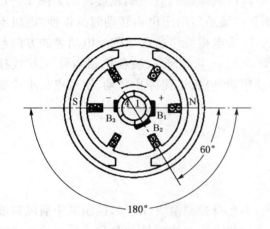 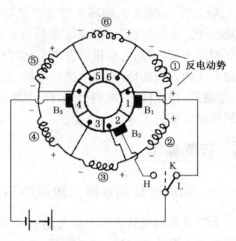

图 12-14　三刷式刮水电动机示意图　　　　图 12-15　三刷式电动机变速原理图

2）电动刮水器的自动复位装置

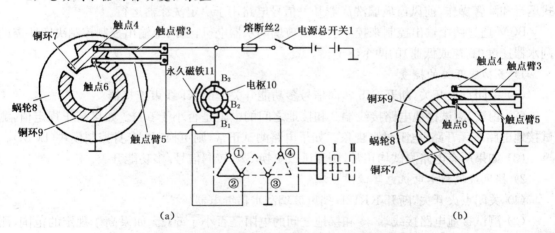

图 12-16　永磁式电动机自动复位装置的结构

电动刮水器的自动复位指在任何位置切断电动刮水器开关，刮水片都能自动停止在风窗玻璃的下部而不影响驾驶员的视线。电动刮水器的自动复位装置的结构如图 12-16 所示。在直流电动机减速器的蜗轮 8（由尼龙制成）上嵌有铜环。此铜环分两个部分，其中面积较大的一片 9 与电机外壳相连接（搭铁）。触点臂 3、5 用磷铜片或其他弹性材料制成。其一端分别铆有触点4、6。由于触点臂3、5具有弹性,因此当蜗轮8转动时,触点4、6与蜗轮8的端面(包括铜环7、9)保持接触。当电源接通,把刮水开关拉到"Ⅰ"挡(低速)时,电流从蓄电池正极出发经电源总开关1、熔断丝2、电刷B_3、电枢绕组、低速电刷B、接线柱②、接触片、接线柱③搭铁形成回路,电动机以低速运转。当刮水器开关拉到"Ⅱ"挡(高速)时,电流从蓄电池正极出发经电源总开关1、熔断丝2、电刷B_3、电枢绕组、高速电刷B_2、接线柱④、接触片、接线柱③搭铁形成回路,电动机以高速运转。当刮水器开关推到"0"挡(停止)时,如果刮水器的橡皮刮水片没有停到规定的位置,由于触点6与铜环9接通,如图12-16(b)所示,则电流继续流入电枢。此时电流从蓄电池正极经电源总开关1、熔断丝2、电刷B_3、电枢、电刷B_1、接线柱②、接触片、接线柱1、触点臂5、触点6、铜环9搭铁形成回路,电动机以低速运转直至蜗轮旋转到如图12-16(a)所示的"特定位置"。触点4和触点6通过铜环7"接通",由于电枢转动时的惯性,电机不能立即停下来,因而电动机以发电机运行而发电。因为电枢绕组所产生的反电动势的方向与外加电压的方向相反,所以电流从电刷B_3、触点臂3、触点4、铜环7、触点6、触点臂5、接线柱①、接触片、接线柱②、电刷B_1形成回路,产生制动扭矩,电机迅速停止转动,使橡皮刮水片复位到风窗玻璃的下部。

技能操作

一、挡风玻璃刮水器的故障检测

上海通用别克君威刮水器电路如图12-17所示,车身控制模块(BCM)控制基于前风窗玻璃刮水器洗涤器开关输入的刮水器电机。BCM通过两个独立的信号电路和一个接地电路监测刮水器洗涤器开关。前风窗玻璃刮水器开关高电位信号电路用于决定刮水器的高速运行,前风窗玻璃刮水器开关低电位信号电路通过使用电阻器阶梯来决定刮水器的低速运行、间歇式运行和除雾操作,前风窗玻璃洗涤器开关信号电路用于决定洗涤器运行。

BCM通过两个输出控制来控制前风窗玻璃刮水器电机,这两个输出控制控制决定所需的刮水器速度(高速或低速)的两个继电器。

1) 多功能开关的检查

(1) 关闭点火开关,断开S78转向信号多功能开关上的X1线束连接器。

(2) 熄火,测试接地电路接线端2和接地之间的电阻是否小于5Ω。如果高于规定值,测试接地电路有无开路/电阻过高现象。如果电路测试正常,则更换K9车身控制模块(BCM)。

(3) 如果所有电路测试均正常,则测试或更换S78转向信号/多功能开关。

2) 挡风玻璃刮水电机电路故障检测

(1) 关闭点火开关,断开KR12B挡风玻璃刮水器继电器。

(2) 测试接地电路接线端85和接地之间的电阻是否小于5Ω。如果高于规定的范围,测试接地电路有无开路/电阻过高现象。

(3) 测试接地电路接线端87和接地之间的电阻是否小于5Ω。如果高于规定的范围,测试接地电路有无开路/电阻过高现象。

(4) 接通点火开关,检验B+电路端子87和接地之间的测试灯是否启亮。如果测试灯不亮,则测试或更换发动机罩下的保险丝盒内保险丝。

(5) 在控制电路端子86和接地电路端子85之间连接一个测试灯。

学习单元 12　挡风玻璃刮水器和洗涤器系统不工作故障的检测与修复

（6）用 S78 转向信号/多功能开关,指令低速刮水器接通和关闭。测试灯应随着指令启亮或熄灭。如果测试灯一直亮着,测试控制电路是否对电压短路。如果电路测试正常,则更换 K9 车身控制模块(BCM)。如果测试灯一直不亮,那么测试控制电路是否对地短路或开路/电阻过高。如果电路测试正常,则更换 K9 车身控制模块(BCM)。

（7）熄火,断开 KR12C 挡风玻璃刮水器速度控制继电器。

（8）测试控制电路接线端 30(KR12B 挡风玻璃刮水器继电器插座)和控制电路接线端 30(KR12C 挡风玻璃速度控制继电器插座)之间的电阻是否小于 5 Ω。如果大于规定的范围,则更换发动机罩下的保险丝盒内保险丝。

（9）连接 KR12B 挡风玻璃刮水器继电器。

（10）测试 KR122C 挡风玻璃刮水器速度控制继电器插座处的控制电路接线端 30 和接地之间的电阻是否小于 5 Ω。如果大于规定的值,测试或更换 KR12B 挡风玻璃刮水器继电器。

（11）点火,核实 KR12C 挡风玻璃刮水器速度控制插座的 B+电路接线端 85 和接地之间的测试灯是否启亮。如果所有测试灯都不启亮,则测试或更换发动机罩下的保险丝盒内保险丝。

（12）在 KR12C 挡风玻璃刮水器速度控制继电器插座处的控制电路接线端 30 和接地之间安装一只测试灯。

（13）用 S78 转向信号/多功能开关,指令低速刮水器接通,测试灯应启亮。如果测试灯不亮,更换 KR12B 挡风玻璃刮水器继电器。

（14）在 KR12C 挡风玻璃刮水器速度控制继电器插座的 B+电路接线端和 KR12C 挡风玻璃刮水器速度控制继电器插座的控制电路接线端 86 之间连接一只测试灯。

（15）用 S78 转向信号/多功能开关,指令高速刮水器接通和关闭。测试灯应随着指令启亮或熄灭。如果测试灯一直启亮,测试控制电路是否对地短路。如果电路测试正常,则更换 K9 车身控制模块(BCM)。如果测试灯一直不亮,测试控制电路是否对电压短路、开路或电阻过高。如果电路测试正常,则更换 K9 车身控制模块(BCM)。

（16）熄火,连接 KR12C 挡风玻璃刮水器速度控制继电器。断开 M75 挡风玻璃刮水器电机的线束接头 X1。

（17）测试接地电路接线端 3 和接地之间的电阻是否小于 5 Ω。如果高于规定的范围,测试接地电路有无开路/电阻过高现象。

（18）在控制电路端子 2 和接地之间连接测试灯。

（19）用 S78 转向信号/多功能开关,指令低速刮水器接通和关闭。测试灯应随着指令启亮或熄灭。如果测试灯一直亮着,测试控制电路是否对电压短路。如果电路测试均正常,则测试或更换 KR12C 挡风玻璃刮水器速度控制继电器。如果测试灯一直不亮,那么测试控制电路是否对地短路或开路/电阻过高。如果电路测试均正常,则测试或更换 KR12C 挡风玻璃刮水器速度控制继电器。

（20）在控制电路端子 4 和接地之间连接一测试灯。

（21）用 S78 转向信号/多功能开关,指令高速刮水器接通和关闭。测试灯应随着指令启亮或熄灭。如果测试灯一直亮着,测试控制电路是否对电压短路。如果电路测试均正常,则测试或更换 KR12C 挡风玻璃刮水器速度控制继电器。如果测试灯一直不亮,那么测试控制电路是否对地短路或开路/电阻过高。如果电路测试均正常,则测试或更换 KR12C 挡风玻璃刮水器速度控制继电器。

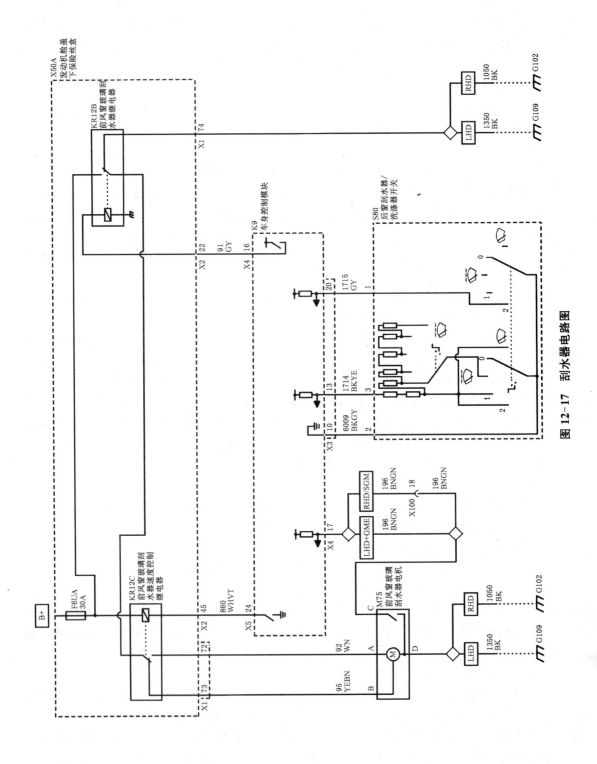

图 12-17 刮水器电路图

(22) 关闭刮水器,核实信号电路端子 1 和接地之间的测试灯是否启亮。如果测试灯不亮,则测试信号电路是否对地短路、开路/电阻过高。如果电路测试正常,则更换 K9 车身控制模块(BCM)。

(23) 如果所有电路测试均正常,则测试或更换 M75 挡风玻璃刮水器电机。

3) 多功能开关的静态检测

(1) 断开 S78 转向信号/多功能开关上的 X1 线束连接器。

(2) S78 转向信号/多功能开关位于 HIGH(高速)位置,测试低参考接线端 2 和信号接线端 1 之间的电阻是否小于 5 Ω。如果大于规定的值,更换 S78 转向信号/多功能开关。

(3) 使 S78 转向信号/多功能开关在每个延时和速度位置循环,测试低参考接线端 2 和信号接线端 3 之间的电阻是否为规定的值。如果任意一个开关位置不在规定范围内,则应更换 S78 转向信号/多功能开关。

多功能开关各个位置对应电阻值参照表 12-1。

表 12-1 多功能开关各个位置对应电阻值

开关位置	电阻
Off(关闭)	无穷大
MIST(除雾)	300～364 Ω
延迟 1	3.48～4.25 kΩ
延迟 2	2.52～3.08 kΩ
延迟 3	1.78～2.18 kΩ
延迟 4	1.17～1.44 kΩ
延迟 5	697～951 Ω
Low(低)	300～364 Ω
高	300～364 Ω

注意:如果开关除关闭(OFF)位置外其他任何位置测试有开路,则应在更换该开关前测试信号电路有无对电压短路。

4) 挡风玻璃刮水器电机动态测试

(1) 熄火,断开 M75 挡风玻璃刮水器电机的线束接头 X1。

(2) 在控制接线端 2 和 12 V 之间安装一根带 25 A 保险丝的跨接线。在接地端子 3 和接地之间安装一根跨接线。

(3) 核实 M75 挡风玻璃刮水器电机在低速模式操作。如果 M75 挡风玻璃刮水器电机不在低速模式操作,更换 M75 挡风玻璃刮水器电机。

(4) 在控制接线端 4 和 12 V 之间安装一根带 25 A 保险丝的跨接线。在接地端子 3 和接地之间安装一根跨接线。

(5) 核实 M75 挡风玻璃刮水器电机在高速模式操作。如果 M75 挡风玻璃刮水器电机不在高速模式操作,更换 M75 挡风玻璃刮水器电机。

二、刮水片的更换

刮水片通常可以完成 50 万次刮水周期,当刮水片质量比较差时会导致早期老化,橡胶老化的表现为,雨下得很大时,使用刮水器感觉不错,可是当下小雨起动刮水器时,就会发现刮水器会在玻璃面上留下擦拭不均的痕迹,还有的时候会卡在玻璃上造成视线不良。

当刮水器的橡胶部分硬化时,刮水器便无法与玻璃面紧密贴合,或者刮水器一有了伤痕便会造成擦拭上的不均匀,形成残留污垢。刮水器或刮水器橡胶片的更换很简单,但在更换时应注意,车型及年份不同,刮水器的安装方法及长度不同。有的刮水器只需要更换橡胶片即可。更换操作步骤如下:

（1）用小号平刃工具打开挡风玻璃刮水器刮片盖。

（2）向上推动前风窗玻璃刮水器刮片。

（3）将前风窗玻璃刮水片从刮水器臂上滑下,如图12-18所示。

（4）小心地松开刮水器臂,使其回至前风窗玻璃。

三、刮水臂的更换

（1）关闭点火开关并取下点火钥匙。

（2）打开发动机舱盖并拆下,如图12-19所示。

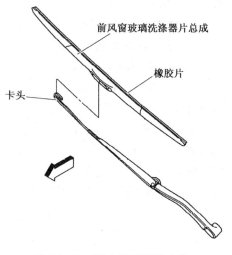

图12-18 刮水器臂和刮水片

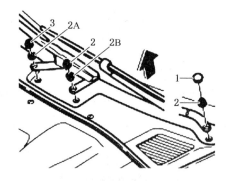

图12-19 拆卸刮水臂紧固螺栓

（3）拧开紧固螺母2和3,拆下垫圈2A和O形圈。

（4）请另一个人举升发动机舱盖,脱离发动机舱盖减震器,打开发动机舱盖。

（5）使用拉开装置,拉开并拆卸刮水器连杆上的刮水器刮臂,如图12-20所示。

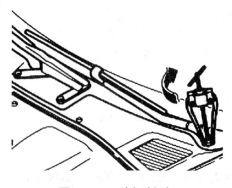

图12-20 刮水臂拆卸

四、刮水器电机的更换

刮水器电机的安装位置,如图 12-21 所示。

图 12-21 刮水器电机安装位置

1) 刮水器电机总成的拆卸
(1) 关闭点火开关并取下点火钥匙。
(2) 拧下两个前端紧固螺母 7,如图 12-22 所示。
(3) 断开刮水器电机的电气插头 A。
(4) 松开刮水器系统的发动机线束。
(5) 拧下刮水器连杆上的四个紧固螺钉 8,如图 12-23 所示。
(6) 在驾驶员侧向下抬动刮水器电机和连杆,而在乘客侧向上抬起刮水器电机和连杆。旋转整个组件并将其沿着上方拆卸(见图 12-24)。保证支柱 B 一直和车身相连。

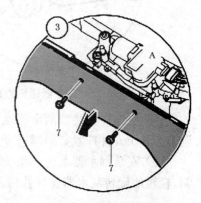

图 12-22 前端紧固螺钉

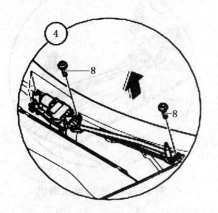

图 12-23 卸刮水器连杆的紧固螺钉

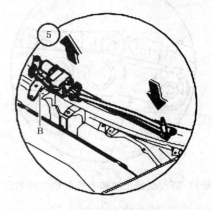

图 12-24 拆卸带连杆的刮水器电机

(7) 标记刮水器连杆的传动位置。

(8) 拧下紧固螺母9并脱离传动。如图12-25所示。

(9) 拧下三个紧固螺钉10并拆下刮水器电机。

2) 刮水器电机的安装

(1) 刮水器电机连接到刮水器连杆之前,将刮水器电机和电气插头相连,关闭发动机舱盖,并至少执行一次单刮操作,使电机运行到最末端。再次断开插头。

(2) 连接刮水器刮臂之前,必须至少再次使用单刮功能刮一次,使电机运行到末端。关上发动机舱盖。

(3) 将刮水器电机安装到刮水器连杆上并将其放好。拧入紧固螺钉10并拧紧至规定的拧紧力矩(如图12-26)。拧紧力矩为9 N·m。

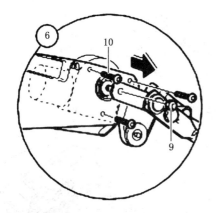
图12-25 刮水器连杆的紧固件

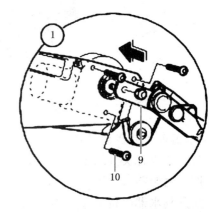
图12-26 安装刮水器连杆

(4) 将连杆安装到刮水器轴上,放好,将机械止动和电机曲轴(刮水器电机)之间的尺寸X调节为4 mm并拧紧紧固螺母9(见图12-27)。拧紧力矩为18 N·m。

(5) 安装刮水器系统。将支柱B与车身接合,向下将带有连杆的刮水器电机插入驾驶员侧,轻轻地旋转刮水器连杆并将其放下。如图12-28所示。

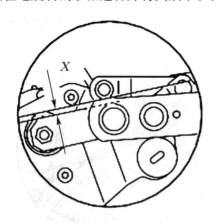
图12-27 机械止动和电机曲轴之间的尺寸

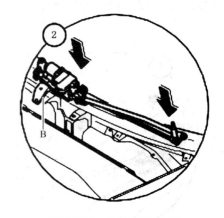
图12-28 安装刮水电机

(6) 安装刮水器系统的紧固螺钉8,从驾驶员侧开始拧紧(见图12-29)。拧紧力矩为10 N·m。

（7）连接电气插头 A，如图 12-30 所示。

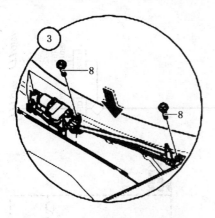
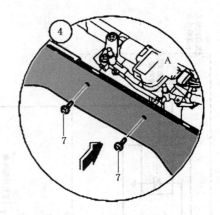

图 12-29　刮水器连杆的紧固螺钉　　　　图 12-30　紧固刮水器电机

（8）拧紧刮水器系统的前端紧固螺钉 7。拧紧力矩为 9 N·m。

实训任务工单

任务名称	挡风玻璃刮水器不工作故障检测与修复	计划学时	
客户任务	上海通用别克君威刮水器不工作		
任务目的	分析刮水器不工作电路，制定刮水器不工作的检修计划		

一、相关信息

1. 观察车辆并确认刮水器电机的位置，确认刮水器开关的位置及相应的挡位。

2. 刮水器电机、刮水器开关的基本认识。找到和刮水器电机相关的部件后在（ ）内画○。
刮水器电机　　（　）　　　　　　刮水器电机插接器（　）
刮水器电机保险（　）　　　　　　刮水器电机开关　（　）
3. 打开灯光开关，观察开关各个位置的作用。
高速挡（　）　　　低速挡（　）　　　间歇挡（　）
4. 识读电路图。
在如下电路图中找到远光灯的电路，并作出标示。

续表

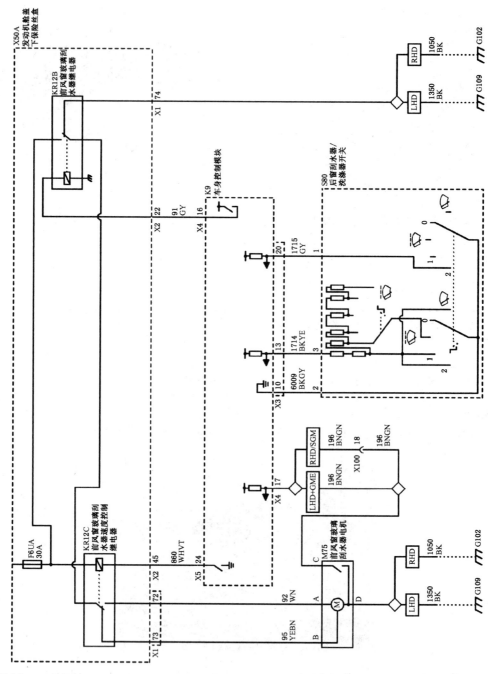

二、计划

请根据故障现象和任务要求,确定所需要的检测仪器、工具,并对小组成员进行合理分工,制订详细的诊断和修复计划。

1. 需要的检测仪器、工具。
2. 小组成员分工。
3. 诊断和修复计划。

续表

三、实施

1. 分析刮水器电机电路。

涉及刮水器电机的保险分别为_____。

打开刮水器开关发现刮水器电机无法工作,首先应该检查_____。

保险盒在仪表盘下方,去掉挡板,拔出相应保险测量。

(是/否)存在烧断的现象。

2. 若保险烧毁应更换,更换后如果再次烧毁,检查刮水器电机和连接线路。

检查过程描述:_____

3. 如果保险正常,检查刮水器电机供电电压_____V,(是/否)正常。

检查刮水器电机搭铁(是/否)正常。

若都正常,更换刮水器电机。

若刮水器电机无电压,应检查_____的电路。

检查过程描述:_____

四、检查与总结

通过对上述检查结果分析,得出结论并提出解决方案:

_____

_____

知识能力拓展

由于材料科学的限制,直到20世纪90年代末期人们才得以研究成功无骨架刮片(Aerotwin 或 Beam Blade)。无骨刮水器是由刮水片胶条、无骨刮水钢片、刮水器护套、塑料件4个配件组成。无骨刮水器的装搭非常简单方便,只需手工组装即可,无需螺丝刀等工具(如图12-31)。

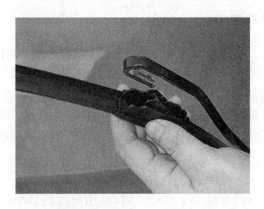

图 12-31 无骨刮水器的安装

普通刮水片是靠骨架来使刮片和玻璃贴合,由于其结构的关系,不可能使刮片和玻璃完美贴合,造成刮不净、刮片易磨损、噪音大等问题。无骨刮水片是靠一整根导力条来分散压力,使得刮片各部分的受力均匀,可以减少水痕、擦痕的产生,达到更好的刮刷效果。另外,可大大降低抖动磨损,加之具有受力均匀、防日晒、结构简单、重量更轻等优点,刮水电机和刮片寿命比传统型刮水至少延长一倍,更加经济、可靠。

一、无骨刮水器的特点

(1) 无骨刮水器与弧形的玻璃贴合紧密,受力均匀,刮片涂覆碳膜,确保刮得更安静、更流畅、更干净。

(2) 采用空气动力学原理设计,在车辆高速行驶时,刮片不会被气流抬升,确保刮拭更清晰。

(3) 优化的刮水片结构设计,中间条扁宽,具有遮阳防老化的作用。

(4) 采用无骨架浮动钢片结构,消除运动发抖。寿命长,重量轻,比传统刮水片附着力强。

(5) 橡胶条及覆盖弹簧片均采用耐臭氧和抗紫外线能力强的橡胶,适应不同的气候条件。

二、无骨刮水器的选择

无骨刮水器质量良莠不齐,一些质量差的刮水器用3个月左右就不怎么清晰了,这是由于橡胶配方有问题。世界上著名的刮水器生产商都有自己独特的橡胶配方,如德国的 BOSCH(博世),法国的 VALEO(法雷奥),美国的 TRICO(特瑞科),中国的 SANDOLLY(山多力)。

好的胶条是纯天然的橡胶做原料,而次品用的都是一些合成橡胶,不耐用。怎样辨别是不是好的胶条呢?可用以下的判别方法。

(1) 纯天然的橡胶在视觉上是自然黑色,而合成的橡胶特别黑或有一些泛白。

(2) 把胶条任意拉扯或卷起来用力捏紧,再放手看胶条的回弹性,如果变形严重,则为次品。

(3) 看刀口是否平直,如果刀口上面有杂质或者分割得不好,刮的时候会有水线,也不合格。另外,现在的大部分的刮水器都在胶条上面喷涂石墨粉,如果石墨粉摸上去很粗或很容易脱落,也不合格。

三、刮水器的使用与保养

(1) 晴天使用刮水除去风挡表面的灰尘时,一定要喷洒玻璃水,不能干刮。

(2) 玻璃上有其他顽固、坚硬的污物,应该用手工清理。这些东西很容易使刮水片受伤,导致刮水刮不干净。严重的话,刮水的电机也会受到损伤。

(3) 洗车和日常打扫需抬起刮水片时,放回时需轻轻送回,不可将刮水片弹回。

(4) 冬季使用时,应先用冰铲清理风挡表面的冰碴,以免加重刮水的负担。

案例剖析

故障现象:一辆2000年产奔驰W220S320轿车,用户反映该车的刮水器第一挡(间歇挡)只能动一次,以后不再持续工作(即无间歇挡工作),其他挡正常。

故障检修:此车刮水器电路系统由刮水器开关、组合开关控制单元(n80)、雨滴传感器(采用光电式传感器)、车外温度传感器、喷水电机和风挡玻璃喷嘴(备加热功能)组成。因此造成间歇挡失效的可能原因有:组合开关间歇挡开关损坏,组合开关控制单元损坏,刮水继电器(1、2挡)损坏,雨滴传感器及其线路有故障,以及车顶面板控制模块故障。

用故障诊断仪头顶面板控制模块进行检查,均未发现故障码。由于低挡和高挡都工作正常,结合刮水系统工作原理分析,怀疑故障可能发生在头顶面板控制模块或雨滴传感器及其线路上。首先检查雨滴传感器,用万用表测量雨滴传感器1号端子电压和3号端子与车身之间电阻均在标准值之内;然后测量雨滴传感器电压,发现用高压水枪喷射前风挡玻璃或前风挡玻璃没有水时,雨滴传感器输出电压一直都为2V左右,说明雨滴传感器已损坏。拆下雨滴传感器后,发现雨滴传感器是不久前用双面胶粘贴上的。询问用户后,得知该车在前不久因前风挡玻璃出现裂纹更换了前风挡玻璃。在没更换玻璃之前,刮水器每个挡位都工作正常,但更换前风挡玻璃之后一直都没有用过刮水器的间歇挡,前几天下小雨用间歇挡才发现上述故障。

故障排除:故障已明了,在把雨滴传感器表面的双面胶去除后,直接把雨滴传感器贴在前挡玻璃上(同时开启刮水的间歇挡),然后用水洒在前挡上,间歇挡正常工作。查询相关资料后,得知该车的雨滴传感器必须使用特殊胶合剂粘贴在挡风玻璃上,不可使用双面胶,否则雨滴传感器无法感应雨滴量。在将雨滴传感器用奔驰专用胶合剂粘贴于风挡玻璃上后,故障排除。

技能掌握

1. 刮水器电机故障的检测方法。
2. 无骨刮水器的特点。

参考文献

[1] Barry Hollembeak. 汽车电气与电子系统[M]. 韦焕典,卢勇威,译. 北京:北京理工大学出版社,2011
[2] 徐景波. 汽车电器实训[M]. 北京:北京理工大学出版社,2009
[3] 肖军,肖永清. 汽车电器快修实例[M]. 北京:科学技术文献出版社,2007
[4] Konrad Reif. 汽车电气与电子[M]. 孙泽昌,等,译. 北京:北京理工大学出版社,2014
[5] 于万海. 汽车电气设备原理与检修[M]. 北京:电子工业出版社,2005
[6] Jack Erjavec. 汽车电系仪表及其诊断维修[M]. 司利增,等,编译. 北京:电子工业出版社,2006
[7] 麻友良. 汽车电器与电子控制系统[M]. 北京:机械工业出版社,2007
[8] 李春明,魏崴. 汽车电气设备与维修[M]. 西安:西安电子科技大学出版社,2006